Akdeniz Mutfağından Lezzetler

Tatları ve Kokularıyla Doğanın En Güzel Hediyesi

Aylin Demir

İçindekiler

Tavuk Fiesta Salatası 9

Mısır & Siyah Fasulye Salatası 11

Harika Makarna Salatası 12

ton balıklı salata 14

Güney Patates Salatası 15

Yedi katlı salata 17

Limonlu Dijon Vinaigrette ile Lahana, Kinoa ve Avokado Salatası 19

Tavuk salatası 21

Cobb etli marul salatası 23

Brokoli Salatası 25

Çilekli Ispanak Salatası 27

Rokfor Peynirli Armut Salatası 29

Meksika Fasulyesi Salatası 31

kavun salatası 33

Portakallı Kereviz Salatası 35

Kavrulmuş Brokoli Salatası 36

Domates salatası 38

Beyaz Pancar Salatası 39

Karnabahar & Domates Salatası 40

Krem Peynirli Pilav 41

Közlenmiş Patlıcan Salatası 43

kavrulmuş sebzeler 44

Fıstıklı Roka Salatası 46

Parmesan Arpa Risotto 47

Deniz Ürünleri ve Avokado Salatası 49

Akdeniz Karides Salatası 51

Nohutlu Makarna Salatası 52

Akdeniz Kızartması 54

Balsamik Salatalık Salatası 56

Salatalık Salatası ile Dana Kefta Köfte 57

Maydanoz Pestolu Tavuk ve Salatalık Salatası 59

Kolay Roka Salatası 61

Beyaz Nohut Fasulye Salatası 62

Yunan Kahverengi ve Yabani Pirinç Kaseleri 63

Yunan Yemeği Salatası 65

Limon-Rezene Salatası ile Halibut 67

Otlu Yunan Tavuk Salatası 69

Yunan Kuskus Salatası 71

Denver Kızarmış Omlet 73

sosis tavası 75

ızgara marine edilmiş karides 77

Sosisli Yumurta Güveç 79

Fırında Omlet Kareleri 81

Sert haşlanmış yumurta 83

Soya Soslu Sırlı Mantarlar 84

yumurtalı kek 86

dinozor yumurtaları 88

Paleo Bademli Muzlu Krep 92

yumurtalı kabak 94

Peynirli Amish Kahvaltılık Güveç 95

Rokfor Peynirli Salata 97

Şehriyeli Pilav 99
Bakla ve Pirinç 101
Tereyağlı Bakla 103
Freekeh 104
Domates Soslu Kızarmış Pilav Topları 105
İspanyol Usulü Pilav 107
Pirinç ve Cacık ile Kabak 109
Biberiye ve Sarımsaklı Aioli ile Cannellini Fasulyesi 111
Mücevherli Pirinç 112
kuşkonmazlı risotto 114
Kinoa Pizza Muffinleri 116
Biberiye-Cevizli Ekmek 118
Lezzetli Yengeç Panini 121
Mükemmel Pizza ve Pasta 123
Margherita Akdeniz Modeli 125
Taşınabilir Paketlenmiş Piknik Parçaları 128
Lezzetli Kabak ve Domates Sosları ile Dolgulu Frittata 129
Muz Ekşi Krema Ekmek 131
ev yapımı pide ekmeği 133
Gözleme Sandviçleri 135
Kızarmış Zaatar Pide Ekmeği ile Mezze Tabağı 137
Mini Tavuk Döner 139
patlıcanlı pizza 141
Akdeniz Kepekli Pizza 143
Ispanaklı & Beyaz Pide Fırında 144
Karpuz Feta ve Balzamik Pizza 146
Karışık Baharatlı Burgerler 147

Prosciutto - Marul - Domates ve Avokado Sandviçleri 149

Ispanaklı Tart 151

Beyaz Tavuk Burger 153

Tacos için Domuz Kızartma 155

İtalyan Elma - Zeytinyağlı Kek 157

Kırmızı Soğan ve Avokado ile Hızlı Tilapia 159

Limon üzerinde ızgara balık 161

Hafta İçi Çarşaf Tavada Balık Yemeği 163

Çıtır Polenta Balık Çubukları 165

Somon Tava Akşam Yemeği 167

Toskana Ton Balığı ve Kabak Burgerleri 169

Sicilya Kale ve Ton Balıklı Kase 171

Akdeniz Morina Yahnisi 173

Beyaz Şarap Sosunda Buharda Midye 175

Portakal ve Sarımsaklı Karides 177

Kavrulmuş Karides-Gnocchi Fırında 179

Baharatlı Karides Puttanesca 181

İtalyan Ton Balıklı Sandviçler 183

Dereotlu Somon Salata Dürümleri 185

Beyaz İstiridye Pizza Turtası 187

Fırında Fasulye Balık Unu 189

Mantarlı Morina Yahnisi 190

Baharatlı Kılıç Balığı 192

Hamsi Makarna Çılgınlığı 194

Karidesli Sarımsaklı Makarna 195

Sirkeli Ballı Somon 197

Portakallı Balık Unu 198

Karidesli Zoodle 199

Kuşkonmaz Alabalık Yemek 200

Kale Zeytinli Ton Balığı 202

Keskin Biberiye Karidesleri 204

kuşkonmazlı somon 206

Ton Balıklı Fındıklı Salata 207

Kremalı Karides Çorbası 209

Sebzeli Quinoa ile Baharatlı Somon 211

Elmalı Hardal Alabalık 213

Karidesli Gnocchi 215

Karides Saganaki 217

Akdeniz Somonu 219

Tavuk Fiesta Salatası

Hazırlama Süresi : 20 dakika

Pişirme süresi: 20 dakika

Porsiyon : 4

Zorluk Derecesi : Kolay

İçindekiler:

- Derisiz veya kemiksiz 2 yarım tavuk fileto
- Fajita için 1 paket bitki, bölünmüş
- 1 yemek kaşığı bitkisel yağ
- 1 kutu siyah fasulye, durulanmış ve süzülmüş
- 1 kutu meksika usulü mısır
- 1/2 fincan salsa
- 1 paket yeşil salata
- 1 soğan, kıyılmış
- 1 domates, dörde bölünmüş

Talimatlar:

Tavuğu fajita otlarının 1/2'si ile eşit şekilde ovun. Bir tavada yağı orta ateşte ısıtın ve tavuğu 8 dakika yan yana veya suyu berraklaşana kadar pişirin; kenara koymak. Büyük bir tavada fasulye, mısır, salsa ve diğer 1/2 fajita baharatlarını birleştirin. Ilık olana kadar orta ateşte ısıtın. Yeşil sebzeler, soğan ve domatesi karıştırarak salatayı hazırlayın. Tavuklu salatanın üzerini kapatıp fasulye ve mısır karışımını gezdirin.

Beslenme (100g için): 311 kalori 6,4 gr yağ 42,2 gr karbonhidrat 23 gr protein 853 mg sodyum

Mısır & Siyah Fasulye Salatası

Hazırlama Süresi : 10 dakika

Pişirme süresi: 0 dakika

Porsiyon : 4

Zorluk Derecesi : Kolay

İçindekiler:

- 2 yemek kaşığı bitkisel yağ
- 1/4 su bardağı balzamik sirke
- 1/2 çay kaşığı tuz
- 1/2 çay kaşığı beyaz şeker
- 1/2 çay kaşığı öğütülmüş kimyon
- 1/2 çay kaşığı öğütülmüş karabiber
- 1/2 çay kaşığı toz biber
- 3 yemek kaşığı kıyılmış taze kişniş
- 1 kutu siyah fasulye (15 oz)
- 1 kutu şekerli mısır (8.75 oz) süzülmüş

Talimatlar:

Küçük bir kapta balzamik sirke, yağ, tuz, şeker, karabiber, kimyon ve pul biberi karıştırın. Siyah mısır ve fasulyeleri orta boy bir kapta birleştirin. Sirke ve sıvı yağ ile karıştırın ve kişniş ile süsleyin. Örtün ve gece boyunca soğutun.

Beslenme (100g için): 214 kalori 8,4 gr yağ 28,6 gr karbonhidrat 7,5 gr protein 415 mg sodyum

Harika Makarna Salatası

Hazırlama Süresi : 30 dakika

Pişirme süresi: 10 dakika

Porsiyon : 16

Zorluk Derecesi : Ortalama

İçindekiler:

- 1 (16 ons) düdüklü makarna paketi
- 3 su bardağı çeri domates
- 1/2 pound provolon, doğranmış
- 1/2 pound sosis, doğranmış
- 1/4 pound pepperoni, ikiye bölünmüş
- 1 büyük yeşil biber
- 1 kutu siyah zeytin, süzülmüş
- 1 kavanoz acı biber, süzülmüş
- 1 şişe (8 ons) İtalyan salata sosu

Talimatlar:

Bir tencerede hafif tuzlu suyu kaynatın. Makarnayı ilave edin ve yaklaşık 8 ila 10 dakika veya al dente olana kadar pişirin. Süzün ve soğuk suyla durulayın.

Makarnayı büyük bir kapta domates, peynir, salam, sucuk, yeşil biber, zeytin ve biberle birleştirin. Vinaigrette dökün ve iyice karıştırın.

Beslenme (100g için): 310 kalori 17,7 gr yağ 25,9 gr karbonhidrat 12,9 gr protein 746 mg sodyum

ton balıklı salata

Hazırlama Süresi : 20 dakika

Pişirme süresi: 0 dakika

Porsiyon : 4

Zorluk Derecesi : Kolay

İçindekiler:

- 1 (19 ons) nohut konservesi
- 2 yemek kaşığı mayonez
- 2 çay kaşığı baharatlı kahverengi hardal
- 1 yemek kaşığı tatlı turşu
- Tatmak için biber ve tuz
- 2 doğranmış yeşil soğan

Talimatlar:

Orta boy bir kapta yeşil fasulye, mayonez, hardal, sos, doğranmış yeşil soğan, tuz ve karabiberi karıştırın. İyice karıştırın.

Beslenme (100g için): 220 kalori 7,2 gr yağ 32,7 gr karbonhidrat 7 gr protein 478 mg sodyum

Güney Patates Salatası

Hazırlama Süresi : 15 dakika

Pişirme süresi: 15 dakika

Porsiyon : 4

Zorluk Derecesi : Ortalama

İçindekiler:

- 4 patates
- 4 yumurta
- 1/2 kereviz sapı, ince kıyılmış
- 1/4 su bardağı tatlı tat
- 1 diş kıyılmış sarımsak
- 2 yemek kaşığı hardal
- 1/2 su bardağı mayonez
- tatmak için biber ve tuz

Talimatlar:

Bir tencerede suyu kaynatın, ardından patatesleri yerleştirin ve yumuşak ama yine de sert olana kadar yaklaşık 15 dakika pişirin; süzün ve doğrayın. Yumurtaları bir tencereye aktarın ve soğuk suyla kaplayın.

Suyu kaynatın; örtün, ocaktan alın ve yumurtaları 10 dakika sıcak suda bekletin. Ardından kabuğu çıkarın ve doğrayın.

Patates, yumurta, kereviz, tatlı sos, sarımsak, hardal, mayonez, tuz ve karabiberi geniş bir kapta karıştırın. Karıştırın ve sıcak servis yapın.

Beslenme (100g için): 460 kalori 27,4 gr yağ 44,6 gr karbonhidrat 11,3 gr protein 214 mg sodyum

Yedi katlı salata

Hazırlama Süresi : 15 dakika

Pişirme süresi: 5 dakika

Porsiyon : 10

Zorluk Derecesi : Ortalama

İçindekiler:

- 1 kiloluk domuz pastırması
- 1 baş iceberg marul
- 1 kırmızı soğan, kıyılmış
- 1 paket 10 dondurulmuş bezelye, çözülmüş
- 10 ons rendelenmiş çedar peyniri
- 1 su bardağı kıyılmış karnabahar
- 1 1/4 su bardağı mayonez
- 2 yemek kaşığı beyaz şeker
- 2/3 bardak rendelenmiş Parmesan peyniri

Talimatlar:

Pastırmayı büyük, sığ bir tavaya koyun. Pürüzsüz olana kadar orta ateşte pişirin. Parçalayın ve bir kenara koyun. Kıyılmış marulu büyük bir kaseye koyun ve bir kat soğan, bezelye, rendelenmiş peynir, karnabahar ve domuz pastırması ile kaplayın.

Mayonez, şeker ve parmesan peynirini karıştırarak salata sosu hazırlayın. Salatanın üzerine dökün ve soğumaya bırakın.

Beslenme (100g için): 387 kalori 32,7 gr yağ 9,9 gr karbonhidrat 14,5 gr protein 609 mg sodyum

Limonlu Dijon Vinaigrette ile Lahana, Kinoa ve Avokado Salatası

Hazırlama Süresi : 5 dakika

Pişirme süresi: 25 dakika

Porsiyon : 4

Zorluk Derecesi : Zor

İçindekiler:

- 2/3 su bardağı kinoa
- 1 1/3 bardak su
- 1 demet karalahana, ısırık büyüklüğünde parçalara ayrılmış
- 1/2 avokado - soyulmuş, doğranmış ve çekirdeği çıkarılmış
- 1/2 su bardağı kıyılmış salatalık
- 1/3 su bardağı kıyılmış kırmızı biber
- 2 yemek kaşığı doğranmış kırmızı soğan
- 1 yemek kaşığı ufalanmış beyaz peynir

Talimatlar:

Kinoayı ve 1 1/3 su bardağı suyu bir tavada kaynatın. Isıyı ayarlayın ve kinoa yumuşayana ve su emilene kadar yaklaşık 15 ila 20 dakika pişirin. Soğuması için kenara alın.

Lahanayı bir tencerede bir inçten fazla kaynar suyun üzerine bir buhar sepetine yerleştirin. Tavayı bir kapakla kapatın ve yaklaşık 45 saniye sıcak olana kadar buharlayın; büyük bir tabağa aktarın. Lahana, kinoa, avokado, salatalık, biber, kırmızı soğan ve beyaz peynir ile süsleyin.

Zeytinyağı, limon suyu, Dijon hardalı, deniz tuzu ve karabiberi bir kapta yağ sosta emülsifiye olana kadar birleştirin; salatanın üzerine dökün.

Beslenme (100g için): 342 kalori 20,3 gr yağ 35,4 gr karbonhidrat 8,9 gr protein 705 mg sodyum

Tavuk salatası

Hazırlama Süresi : 20 dakika

Pişirme süresi: 0 dakika

Porsiyon : 9

Zorluk Derecesi : Kolay

İçindekiler:

- 1/2 su bardağı mayonez
- 1/2 çay kaşığı tuz
- 3/4 çay kaşığı kümes hayvanları otu
- 1 yemek kaşığı limon suyu
- 3 su bardağı pişmiş tavuk göğsü, doğranmış
- 1/4 çay kaşığı öğütülmüş karabiber
- 1/4 çay kaşığı sarımsak tozu
- 1/4 çay kaşığı soğan tozu
- 1/2 su bardağı ince kıyılmış kereviz
- 1 (8 ons) kutu su kestanesi, süzülmüş ve doğranmış
- 1/2 su bardağı kıyılmış yeşil soğan
- 1 1/2 bardak ikiye bölünmüş yeşil üzüm
- 1 1/2 su bardağı doğranmış İsviçre peyniri

Talimatlar:

Orta boy bir kapta mayonez, tuz, tavuk baharatları, soğan tozu, sarımsak tozu, biber ve limon suyunu birleştirin. Büyük bir kapta tavuk, kereviz, yeşil soğan, kestane, İsviçre peyniri ve kuru üzümleri birleştirin. Mayonez karışımını karıştırın ve kaplayın. Servis yapmaya hazır olana kadar soğutun.

Beslenme (100g için): 293 kalori 19,5 gr yağ 10,3 gr karbonhidrat 19,4 gr protein 454 mg sodyum

Cobb etli marul salatası

Hazırlama Süresi : 5 dakika

Pişirme süresi: 15 dakika

Porsiyon : 6

Zorluk Derecesi : Zor

İçindekiler:

- 6 dilim pastırma
- 3 yumurta
- 1 bardak Iceberg marul, rendelenmiş
- 3 su bardağı pişmiş kıyma tavuk eti
- 2 domates, çekirdeksiz ve kıyılmış
- 3/4 su bardağı mavi peynir, ufalanmış
- 1 avokado - soyulmuş, çekirdeksiz ve doğranmış
- 3 yeşil soğan, kıyılmış
- 1 şişe (8 oz.) Ranch Vinaigrette

Talimatlar:

Yumurtaları bir tencereye koyun ve tamamen soğuk suyla ıslatın. Suyu kaynatın. Örtün ve ocaktan alın ve yumurtaları 10 ila 12 dakika sıcak suda bekletin. Sıcak sudan çıkarın, soğumaya bırakın, soyun ve doğrayın. Pastırmayı büyük, derin bir tavaya koyun. Pürüzsüz olana kadar orta ateşte pişirin. Kenara koyun.

Rendelenmiş marulu ayrı tabaklara ayırın. Marul üzerine sıra sıra tavuk, yumurta, domates, mavi peynir, domuz pastırması, avokado ve yeşil soğan yayın. En sevdiğiniz salata sosu serpin ve tadını çıkarın.

Beslenme (100g için): 525 kalori 39,9 gr yağ 10,2 gr karbonhidrat 31,7 gr protein 701 mg sodyum

Brokoli Salatası

Hazırlama Süresi : 10 dakika

Pişirme süresi: 15 dakika

Porsiyon : 6

Zorluk Derecesi : Ortalama

İçindekiler:

- 10 dilim pastırma
- 1 su bardağı taze brokoli
- ¼ bardak kırmızı soğan, kıyılmış
- ½ su bardağı kuru üzüm
- 3 yemek kaşığı beyaz şarap sirkesi
- 2 yemek kaşığı beyaz şeker
- 1 su bardağı mayonez
- 1 su bardağı ayçiçeği çekirdeği

Talimatlar:

Pastırmayı derin bir tavada orta ateşte pişirin. Süzün, ufalayın ve bir kenara koyun. Orta boy bir kapta brokoli, soğan ve kuru üzümleri birleştirin. Küçük bir kasede sirke, şeker ve mayonezi karıştırın. Üzerine brokoli karışımını dökün ve karıştırın. En az iki saat soğutun.

Servis yapmadan önce salatayı ufalanmış domuz pastırması ve ayçekirdeği ile karıştırın.

Beslenme (100g için): 559 kalori 48,1 gr yağ 31 gr karbonhidrat 18 gr protein 584 mg sodyum

Çilekli Ispanak Salatası

Hazırlama Süresi : 10 dakika

Pişirme süresi: 0 dakika

Porsiyon : 4

Zorluk Derecesi : Kolay

İçindekiler:

- 2 yemek kaşığı susam
- 1 yemek kaşığı haşhaş tohumu
- 1/2 su bardağı beyaz şeker
- 1/2 su bardağı zeytinyağı
- 1/4 su bardağı damıtılmış beyaz sirke
- 1/4 çay kaşığı kırmızı biber
- 1/4 çay kaşığı Worcestershire sosu
- 1 yemek kaşığı kıyılmış soğan
- 10 ons taze ıspanak
- 1 litre çilek - temizlenmiş, kabuğu çıkarılmış ve dilimlenmiş
- 1/4 su bardağı badem, beyazlatılmış ve şerit halinde

Talimatlar:

Orta boy bir kapta aynı tohumları, haşhaş tohumlarını, şekeri, zeytinyağını, sirkeyi, kırmızı biberi, Worcestershire sosu ve soğanı birlikte çırpın. Örtün ve bir saat soğutun.

Büyük bir kapta ıspanak, çilek ve bademleri birleştirin. Sosu salatanın üzerine gezdirin ve atın. Servis yapmadan önce 10 ila 15 dakika soğutun.

Beslenme (100g için): 491 kalori 35,2 gr yağ 42,9 gr karbonhidrat 6 gr protein 691 mg sodyum

Rokfor Peynirli Armut Salatası

Hazırlama Süresi : 20 dakika

Pişirme süresi: 10 dakika

Porsiyon : 2

Zorluk Derecesi : Ortalama

İçindekiler:

- 1 yaprak marul, lokma büyüklüğünde parçalara ayrılmış
- 3 armut - soyulmuş, özlü ve doğranmış
- 5 ons Rokfor, ufalanmış
- 1 avokado - soyulmuş, çekirdeği çıkarılmış ve doğranmış
- 1/2 su bardağı kıyılmış yeşil soğan
- 1/4 su bardağı beyaz şeker
- 1/2 su bardağı pekan cevizi
- 1/3 su bardağı zeytinyağı
- 3 yemek kaşığı kırmızı şarap sirkesi
- 1 1/2 çay kaşığı beyaz şeker
- 1 1/2 çay kaşığı hazırlanmış hardal
- 1/2 çay kaşığı tuzlanmış karabiber
- 1 diş sarımsak

Talimatlar:

Orta ateşte bir tavada cevizlerle 1/4 bardak şekerle karıştırın. Şeker cevizlerle karamelleşene kadar hafifçe karıştırmaya devam edin. Cevizleri dikkatli bir şekilde yağlı kağıda aktarın. Soğumaya bırakın ve parçalara ayırın.

Salata yağı, turşusu, 1 1/2 çay kaşığı şeker, hardal, kıyılmış sarımsak, tuz ve karabiber için karıştırın.

Derin bir kapta marul, armut, mavi peynir, avokado ve yeşil soğanı birleştirin. Salatayı salataya koyun, üzerine ceviz serpin ve servis yapın.

Beslenme (100g için): 426 kalori 31,6 gr yağ 33,1 gr karbonhidrat 8 gr protein 481 mg sodyum

Meksika Fasulyesi Salatası

Hazırlama Süresi : 15 dakika

Pişirme süresi: 0 dakika

Porsiyon : 6

Zorluk Derecesi : Kolay

İçindekiler:

- 1 kutu siyah fasulye (15 oz), süzülmüş
- 1 kutu kırmızı fasulye (15 oz), süzülmüş
- 1 kutu beyaz fasulye (15 oz), süzülmüş
- 1 yeşil biber, kıyılmış
- 1 kırmızı biber, kıyılmış
- 1 paket donmuş mısır taneleri
- 1 kırmızı soğan, kıyılmış
- 2 yemek kaşığı taze limon suyu
- 1/2 su bardağı zeytinyağı
- 1/2 su bardağı kırmızı şarap sirkesi
- 1 yemek kaşığı limon suyu
- 1 yemek kaşığı tuz
- 2 yemek kaşığı beyaz şeker
- 1 diş ezilmiş sarımsak
- 1/4 su bardağı doğranmış kişniş
- 1/2 yemek kaşığı öğütülmüş kimyon
- 1/2 yemek kaşığı öğütülmüş karabiber
- 1 tutam acı biber sosu

- 1/2 çay kaşığı toz biber

Talimatlar:

Fasulye, biber, dondurulmuş mısır ve kırmızı soğanı büyük bir kapta birleştirin. Zeytinyağını, limon suyunu, kırmızı şarap sirkesini, limon suyunu, şekeri, tuzu, sarımsağı, kişnişi, kimyonu ve karabiberi küçük bir kasede birleştirin - acı sos ve acı biberle tatlandırın.

Zeytinyağlı salata suyunu sebzelerin üzerine dökün; iyice karıştırın. İyice soğutun ve soğuk servis yapın.

Beslenme (100g için): 334 kalori 14,8 gr yağ 41,7 gr karbonhidrat 11,2 gr protein 581 mg sodyum

kavun salatası

Hazırlama Süresi : 20 dakika

Pişirme süresi: 0 dakika

Porsiyon : 6

Zorluk Derecesi : Ortalama

İçindekiler:

- ¼ çay kaşığı deniz tuzu
- ¼ çay kaşığı karabiber
- 1 yemek kaşığı balzamik sirke
- 1 kavun, dörde bölünmüş ve çekirdekleri çıkarılmış
- 12 karpuz, küçük ve çekirdeksiz
- 2 su bardağı mozzarella topları, taze
- 1/3 su bardağı fesleğen, taze ve yırtılmış
- 2 yemek kaşığı. zeytin yağı

Talimatlar:

Kavun toplarını kazıyın ve bir servis kasesinin üzerine bir kevgir içinde koyun. Karpuzu da kesmek için kavun toplayıcınızı kullanın ve ardından kavununuza koyun.

Meyvenizin on dakika boyunca süzülmesine izin verin ve ardından başka bir tarif için suyu soğutun. Smoothielere bile eklenebilir. Kaseyi kurulayın ve ardından meyvenizi içine yerleştirin.

Tuz ve karabiber ile çeşnilendirmeden önce fesleğen, yağ, sirke, mozzarella ve domates ekleyin. Yavaşça karıştırın ve hemen veya soğutulmuş olarak servis yapın.

Beslenme (100g için): 218 Kalori 13g Yağ 9g Karbonhidratlar 10g Protein 581mg Sodyum

Portakallı Kereviz Salatası

Hazırlama Süresi : 15 dakika

Pişirme süresi: 0 dakika

Porsiyon : 6

Zorluk Derecesi : Kolay

İçindekiler:

- 1 yemek kaşığı limon suyu, taze
- ¼ çay kaşığı ince deniz tuzu
- ¼ çay kaşığı karabiber
- 1 yemek kaşığı salamura zeytin
- 1 yemek kaşığı zeytinyağı
- ¼ fincan kırmızı soğan, dilimlenmiş
- ½ su bardağı yeşil zeytin
- 2 portakal, soyulmuş ve dilimlenmiş
- ½ inç dilimler halinde çapraz olarak dilimlenmiş 3 kereviz sapı

Talimatlar:

Portakal, zeytin, soğan ve kerevizinizi sığ bir kaseye koyun. Ayrı bir kapta sıvı yağınızı, zeytin salamuranızı ve limon suyunuzu çırpın, salatanızın üzerine dökün. Servis yapmadan önce tuz ve karabiber serpin.

Beslenme (100g için): 65 Kalori 7 gr Yağ 9 gr Karbonhidrat 2 gr Protein 614 mg Sodyum

Kavrulmuş Brokoli Salatası

Hazırlama Süresi : 20 dakika

Pişirme süresi: 10 dakika

Porsiyon : 4

Zorluk Derecesi : Zor

İçindekiler:

- 1 lb. brokoli, çiçeklere ayrılmış ve dilimlenmiş sapı
- 3 yemek kaşığı zeytinyağı, bölünmüş
- 1 litre çeri domates
- 1 ½ çay kaşığı bal, ham ve bölünmüş
- 3 su bardağı kuşbaşı ekmek, tam tahıllı
- 1 yemek kaşığı balzamik sirke
- ½ çay kaşığı karabiber
- ¼ çay kaşığı ince deniz tuzu
- servis için rendelenmiş parmesan

Talimatlar:

Fırını 450 derecede hazırlayın ve ardından kenarlı bir fırın tepsisini çıkarın. Isınması için fırına koyun. Brokolinizi bir çorba kaşığı yağ ile gezdirin ve kaplamak için fırlatın.

Fırın tepsisini fırından çıkarın ve üzerine brokoliyi kaşıklayın. Kasenin altını yağlayın, domateslerinizi ekleyin, kaplamak için fırlatın ve ardından domateslerinizi bir çorba kaşığı bal ile atın. Onları brokoli ile aynı fırın tepsisine dökün.

On beş dakika kızartın ve pişirme sürenizin yarısında karıştırın. Ekmeğinizi ekleyin ve ardından üç dakika daha kızartın. İki yemek kaşığı yağ, sirke ve kalan balı çırpın. Tuz ve karabiber serpin. Bunu servis etmek için brokoli karışımınızın üzerine dökün.

Beslenme (100g için): 226 Kalori 12g Yağ 26g Karbonhidratlar 7g Protein 581mg Sodyum

Domates salatası

Hazırlama Süresi : 20 dakika

Pişirme süresi: 0 dakika

Porsiyon : 4

Zorluk Derecesi : Kolay

İçindekiler:

- 1 salatalık, dilimlenmiş
- ¼ bardak güneşte kurutulmuş domates, doğranmış
- 1 pound domates, küp doğranmış
- ½ su bardağı siyah zeytin
- 1 kırmızı soğan, dilimlenmiş
- 1 yemek kaşığı balzamik sirke
- ¼ fincan maydanoz, taze ve doğranmış
- 2 yemek kaşığı zeytinyağı
- tatmak için deniz tuzu ve karabiber

Talimatlar:

Bir kase alın ve tüm sebzelerinizi bir araya getirin. Sosunu yapmak için tüm baharatlarınızı, zeytinyağını ve sirkeyi karıştırın. Salatanızla karıştırın ve taze olarak servis yapın.

Beslenme (100g için): 126 Kalori 9.2g Yağ 11.5g Karbonhidratlar 2.1g Protein 681mg Sodyum

Beyaz Pancar Salatası

Hazırlama Süresi : 15 dakika

Pişirme süresi: 0 dakika

Porsiyon : 4

Zorluk Derecesi : Kolay

İçindekiler:

- 6 kırmızı pancar, pişmiş ve soyulmuş
- 3 ons beyaz peynir, küp
- 2 yemek kaşığı zeytinyağı
- 2 yemek kaşığı balzamik sirke

Talimatlar:

Her şeyi bir araya getirin ve ardından servis yapın.

Beslenme (100g için): 230 Kalori 12g Yağ 26.3g Karbonhidratlar 7.3g Protein 614mg Sodyum

Karnabahar & Domates Salatası

Hazırlama Süresi : 15 dakika

Pişirme süresi: 0 dakika

Porsiyon : 4

Zorluk Derecesi : Kolay

İçindekiler:

- 1 baş karnabahar, doğranmış
- 2 yemek kaşığı maydanoz, taze ve kıyılmış
- 2 su bardağı çeri domates, ikiye bölünmüş
- 2 yemek kaşığı limon suyu, taze
- 2 yemek kaşığı çam fıstığı
- tatmak için deniz tuzu ve karabiber

Talimatlar:

Limon suyu, kiraz domates, karnabahar ve maydanozu birlikte karıştırın ve ardından baharatlayın. Çam fıstığı ile süsleyin ve servis yapmadan önce iyice karıştırın.

Beslenme (100g için): 64 Kalori 3,3 gr Yağ 7,9 gr Karbonhidratlar 2,8 gr Protein 614 mg Sodyum

Krem Peynirli Pilav

Hazırlama Süresi : 20 dakika

Pişirme süresi: 10 dakika

Porsiyon : 6

Zorluk Derecesi : Ortalama

İçindekiler:

- 2 bardak sarı uzun taneli pirinç, yarı haşlanmış
- 1 su bardağı soğan
- 4 yeşil soğan
- 3 yemek kaşığı tereyağı
- 3 yemek kaşığı sebze suyu
- 2 çay kaşığı acı biber
- 1 çay kaşığı kırmızı biber
- ½ çay kaşığı karanfil, kıyılmış
- 2 yemek kaşığı nane yaprağı, taze ve doğranmış
- Süslemek için 1 demet taze nane yaprağı
- 1 yemek kaşığı zeytinyağı
- tatmak için deniz tuzu ve karabiber
- <u>Peynir kreması:</u>
- 3 yemek kaşığı zeytinyağı
- tatmak için deniz tuzu ve karabiber
- 9 ons krem peynir

Talimatlar:

Fırını 360 derecede hazırlayın ve ardından bir tava çıkarın.

Tereyağını ve zeytinyağını birlikte ısıtın ve soğanlarınızı ve taze soğanlarınızı iki dakika pişirin.

Tuz, karabiber, kırmızı biber, karanfil, sebze suyu, pirinç ve kalan baharatları ekleyin. Üç dakika soteleyin. Folyo ile sarın ve yarım saat daha pişirin. Soğumasına izin verin.

Krem peynir, peynir, zeytinyağı, tuz ve karabiberi karıştırın.

Pilavınızı taze nane yapraklarıyla süsleyerek servis edin.

Beslenme (100g için): 364 Kalori 30g Yağ 20g Karbonhidratlar 5g Protein 511mg Sodyum

Közlenmiş Patlıcan Salatası

Hazırlama Süresi : 10 dakika

Pişirme süresi: 20 dakika

Porsiyon : 6

Zorluk Derecesi : Kolay

İçindekiler:

- 1 kırmızı soğan, dilimlenmiş
- 2 yemek kaşığı maydanoz, taze ve kıyılmış
- 1 çay kaşığı kekik
- 2 su bardağı çeri domates, ikiye bölünmüş
- tatmak için deniz tuzu ve karabiber
- 1 çay kaşığı kekik
- 3 yemek kaşığı zeytinyağı
- 1 çay kaşığı fesleğen
- 3 patlıcan, soyulmuş ve küp şeklinde

Talimatlar:

Fırınınızı 350 dereceye ısıtarak başlayın. Patlıcanınızı fesleğen, tuz, karabiber, kekik, kekik ve zeytinyağı ile tatlandırın. Fırın tepsisine dizin ve yarım saat pişirin. Servis yapmadan önce kalan malzemelerinizle karıştırın.

Beslenme (100g için): 148 Kalori 7.7g Yağ 20.5g Karbonhidratlar 3.5g Protein 660mg Sodyum

kavrulmuş sebzeler

Hazırlama Süresi : 5 dakika

Pişirme süresi: 15 dakika

Porsiyon : 12

Zorluk Derecesi : Kolay

İçindekiler:

- 6 diş sarımsak
- 6 yemek kaşığı zeytinyağı
- 1 rezene ampulü, doğranmış
- 1 kabak, doğranmış
- 2 kırmızı dolmalık biber, doğranmış
- 6 patates, büyük ve doğranmış
- 2 çay kaşığı deniz tuzu
- ½ su bardağı balzamik sirke
- ¼ fincan biberiye, doğranmış ve taze
- 2 çay kaşığı sebze bulyon tozu

Talimatlar:

Fırınınızı 400 derecede ısıtarak başlayın. Patates, rezene, kabak, sarımsak ve rezenenizi zeytinyağı gezdirerek bir fırın tepsisine koyun. Tuz, bulyon tozu ve biberiye serpin. İyice karıştırın ve ardından 450 derecede otuz ila kırk dakika pişirin. Servis yapmadan önce sirkenizi sebzelere karıştırın.

Beslenme (100g için): 675 Kalori 21g Yağ 112g Karbonhidratlar 13g Protein 718mg Sodyum

Fıstıklı Roka Salatası

Hazırlama Süresi : 20 dakika

Pişirme süresi: 0 dakika

Porsiyon : 6

Zorluk Derecesi : Kolay

İçindekiler:

- 6 su bardağı lahana, kıyılmış
- ¼ su bardağı zeytinyağı
- 2 yemek kaşığı limon suyu, taze
- ½ çay kaşığı füme kırmızı biber
- 2 su bardağı roka
- 1/3 bardak antep fıstığı, tuzsuz ve kabuklu
- 6 yemek kaşığı parmesan peyniri, rendelenmiş

Talimatlar:

Bir salata kasesi alın ve yağ, limon, tütsülenmiş kırmızı biber ve lahanayı birleştirin. Yapraklara yarım dakika hafifçe masaj yapın. Lahananız iyi kaplanmalıdır. Servis yapacağınız zaman roka ve antep fıstığınızı hafifçe karıştırın.

Beslenme (100g için): 150 Kalori 12g Yağ 8g Karbonhidratlar 5g Protein 637mg Sodyum

Parmesan Arpa Risotto

Hazırlama Süresi : 10 dakika

Pişirme süresi: 20 dakika

Porsiyon : 6

Zorluk Derecesi : Zor

İçindekiler:

- 1 bardak sarı soğan, doğranmış
- 1 yemek kaşığı zeytinyağı
- 4 su bardağı sebze suyu, düşük sodyum
- 2 su bardağı inci arpa, pişmemiş
- ½ bardak sek beyaz şarap
- 1 bardak parmesan peyniri, ince rendelenmiş ve bölünmüş
- tatmak için deniz tuzu ve karabiber
- taze frenk soğanı, servis için doğranmış
- servis için limon dilimleri

Talimatlar:

Et suyunuzu bir tencereye ekleyin ve orta-yüksek ateşte kaynamaya getirin. Bir tencereyi çıkarın ve orta-yüksek ısıya da koyun. Soğanınızı eklemeden önce yağınızı ısıtın. Sekiz dakika pişirin ve ara sıra karıştırın. Arpanızı ekleyin ve iki dakika daha pişirin. Arpanızı karıştırın, kızarana kadar pişirin.

Şarabı dökün, bir dakika daha pişirin. Bir bardak ılık et suyu eklemeden önce sıvının çoğu buharlaşmış olmalıdır. Pişirin ve iki dakika karıştırın. Sıvınız emilmelidir. Kalan suyu fincanla ekleyin ve her fincan emilene kadar pişirin. Her seferinde yaklaşık iki dakika sürmelidir.

Ateşten alın, yarım bardak peynir ekleyin ve kalan peyniri, frenk soğanı ve limon dilimlerini ekleyin.

Beslenme (100g için): 345 Kalori 7g Yağ 56g Karbonhidratlar 14g Protein 912mg Sodyum

Deniz Ürünleri ve Avokado Salatası

Hazırlama Süresi : 10 dakika

Pişirme süresi: 0 dakika

Porsiyon : 4

Zorluk Derecesi : Kolay

İçindekiler:

- 2 lbs. somon, pişmiş ve doğranmış
- 2 lbs. karides, pişmiş ve doğranmış
- 1 su bardağı avokado, doğranmış
- 1 su bardağı mayonez
- 4 yemek kaşığı limon suyu, taze
- 2 diş sarımsak
- 1 su bardağı ekşi krema
- tatmak için deniz tuzu ve karabiber
- ½ kırmızı soğan, kıyılmış
- 1 bardak salatalık, doğranmış

Talimatlar:

Bir kaba alıp sarımsak, tuz, karabiber, soğan, mayonez, ekşi krema ve misket limonu suyunu karıştırarak başlayın,

Farklı bir kase alın ve somon, karides, salatalık ve avokadoyu karıştırın.

Mayonez karışımını karidesinize ekleyin ve servis yapmadan önce buzdolabında yirmi dakika bekletin.

Beslenme (100g için): 394 Kalori 30g Yağ 3g Karbonhidratlar 27g Protein 815mg Sodyum

Akdeniz Karides Salatası

Hazırlama Süresi : 40 dakika

Pişirme süresi: 0 dakika

Porsiyon : 6

Zorluk Derecesi : Kolay

İçindekiler:

- 1 ½ lbs. karides, temizlenmiş ve pişirilmiş
- 2 kereviz sapı, taze
- 1 soğan
- 2 yeşil soğan
- 4 yumurta, haşlanmış
- 3 patates, pişmiş
- 3 yemek kaşığı mayonez
- tatmak için deniz tuzu ve karabiber

Talimatlar:

Patateslerinizi dilimleyerek ve kerevizinizi doğrayarak başlayın. Yumurtalarınızı dilimleyin ve baharatlayın. Her şeyi birlikte karıştırın. Karidesinizi yumurtaların üzerine koyun ve ardından soğan ve yeşil soğan ile servis yapın.

Beslenme (100g için): 207 Kalori 6g Yağ 15g Karbonhidratlar 17g Protein 664mg Sodyum

Nohutlu Makarna Salatası

Hazırlama Süresi : 10 dakika

Pişirme süresi: 15 dakika

Porsiyon : 6

Zorluk Derecesi : Ortalama

İçindekiler:

- 2 yemek kaşığı zeytinyağı
- 16 ons rotelle makarna
- ½ su bardağı kurutulmuş zeytin, doğranmış
- 2 yemek kaşığı kekik, taze ve kıyılmış
- 2 yemek kaşığı maydanoz, taze ve kıyılmış
- 1 demet yeşil soğan, doğranmış
- ¼ bardak kırmızı şarap sirkesi
- 15 ons konserve nohut, süzülmüş ve durulanmış
- ½ fincan parmesan peyniri, rendelenmiş
- tatmak için deniz tuzu ve karabiber

Talimatlar:

Suyu kaynatın ve makarnayı al dente koyun ve paketteki talimatları izleyin. Süzün ve soğuk su kullanarak durulayın.

Bir tava alın ve zeytinyağınızı orta ateşte ısıtın. Taze soğan, nohut, maydanoz, kekik ve zeytinlerinizi ekleyin. Isıyı azaltın ve yirmi dakika daha soteleyin. Bu karışımı soğumaya bırakın.

Nohutlu karışımınızı makarnanızla karıştırın ve rendelenmiş peynir, tuz, karabiber ve sirkeyi ekleyin. Servis yapmadan önce dört saat veya bir gece soğumaya bırakın.

Beslenme (100g için): 424 Kalori 10g Yağ 69g Karbonhidratlar 16g Protein 714mg Sodyum

Akdeniz Kızartması

Hazırlama Süresi : 10 dakika

Pişirme süresi: 30 dakika

Porsiyon : 4

Zorluk Derecesi : Ortalama

İçindekiler:

- 2 kabak
- 1 soğan
- ¼ çay kaşığı deniz tuzu
- 2 diş sarımsak
- 3 çay kaşığı zeytinyağı, bölünmüş
- 1 pound tavuk göğsü, kemiksiz
- 1 su bardağı çabuk pişen arpa
- 2 su bardağı su
- ¼ çay kaşığı karabiber
- 1 çay kaşığı kekik
- ¼ çay kaşığı kırmızı biber gevreği
- ½ çay kaşığı fesleğen
- 2 erik domates
- ½ su bardağı Yunan zeytini, çekirdekleri çıkarılmış
- 1 yemek kaşığı maydanoz, taze

Talimatlar:

Tavuğunuzun derisini çıkararak başlayın ve ardından daha küçük parçalar halinde doğrayın. Sarımsak ve maydanozu doğrayın ve ardından zeytin, kabak, domates ve soğanlarınızı doğrayın. Bir tencere alıp suyunuzu kaynatın. Arpanızı karıştırın ve sekiz ila on dakika kaynamaya bırakın.

Isıyı kapatın. Beş dakika dinlenmeye bırakın. Bir tava alın ve iki çay kaşığı zeytinyağı ekleyin. Tavuğunuzu biraz kızdırdıktan sonra karıştırarak kızartın ve ocaktan alın. Kalan yağınızda soğanı kavurun. Kalan malzemelerinizi karıştırın ve üç ila beş dakika daha pişirin. Sıcak servis yapın.

Beslenme (100g için): 337 Kalori 8,6 gr Yağ 32,3 gr Karbonhidratlar 31,7 gr Protein 517 mg Sodyum

Balsamik Salatalık Salatası

Hazırlama Süresi : 15 dakika

Pişirme süresi: 0 dakika

Porsiyon : 4

Zorluk Derecesi : Kolay

İçindekiler:

- 2/3 büyük İngiliz salatalık, ikiye bölünmüş ve dilimlenmiş
- 2/3 orta boy kırmızı soğan, ikiye bölünmüş ve ince dilimlenmiş
- 5 1/2 yemek kaşığı balzamik salata sosu
- 1 1/3 su bardağı üzüm domates, yarıya
- 1/2 su bardağı ufalanmış yağı azaltılmış beyaz peynir

Talimatlar:

Büyük bir kapta salatalık, domates ve soğanı karıştırın. salata sosu ekleyin; kaplamaya atın. Servis yapana kadar üzeri kapalı olarak soğutun. Servis yapmadan hemen önce peynirle karıştırın. Oluklu bir çay kaşığı ile servis yapın.

Beslenme (100g için): 250 kalori 12 gr yağ 15 gr karbonhidrat 34 gr protein 633 mg Sodyum

Salatalık Salatası ile Dana Kefta Köfte

Hazırlama Süresi : 10 dakika

Pişirme süresi: 15 dakika

Porsiyon : 2

Zorluk Derecesi : Zor

İçindekiler:

- pişirme spreyi
- 1/2 kiloluk öğütülmüş sığır filetosu
- 2 yemek kaşığı artı 2 yemek kaşığı kıyılmış taze düz yapraklı maydanoz, bölünmüş
- 1 1/2 çay kaşığı kıyılmış soyulmuş taze zencefil
- 1 çay kaşığı öğütülmüş kişniş
- 2 yemek kaşığı kıyılmış taze kişniş
- 1/4 çay kaşığı tuz
- 1/2 çay kaşığı öğütülmüş kimyon
- 1/4 çay kaşığı öğütülmüş tarçın
- 1 su bardağı ince dilimlenmiş İngiliz salatalık
- 1 yemek kaşığı pirinç sirkesi
- 1/4 fincan sade yağsız Yunan yoğurdu
- 1 1/2 çay kaşığı taze limon suyu
- 1/4 çay kaşığı taze çekilmiş karabiber
- 1 (6 inç) pide, dörde bölünmüş

Talimatlar:

Orta-yüksek sıcaklıkta bir ızgara tava ısıtın. Tavayı pişirme spreyi ile kaplayın. Sığır eti, 1/4 cam maydanoz, kişniş ve sonraki 5 öğeyi orta boy bir kapta birleştirin. Kombinasyonu, her birini 1/2-inç kalınlığında bir köfte şeklinde şekillendirerek aynı kısımlara 4'e bölün. Tavaya köfte ekleyin; istenilen pişme derecesine kadar iki tarafını da pişirin.

Salatalık ve sirkeyi orta boy bir kapta karıştırın; iyi atmak Küçük bir kapta yağsız yoğurt, kalan 2 yemek kaşığı maydanoz, meyve suyu ve karabiberi karıştırın; bir çırpma teli ile karıştırın. 4 çinin her birine 1 köfte ve 1/2 bardak salatalık karışımı yerleştirin. Her bir sunuya yaklaşık 2 yemek kaşığı yoğurt baharatı ekleyin. Her birini 2 dilim pide ile servis edin.

Beslenme (100g için): 116 kalori 5 gr yağ 11 gr karbonhidrat 28 gr protein 642 mg sodyum

Maydanoz Pestolu Tavuk ve Salatalık Salatası

Hazırlama Süresi : 15 dakika

Pişirme süresi: 5 dakika

Porsiyon : 8

Zorluk Derecesi : Kolay

İçindekiler:

- 2 2/3 su bardağı paketlenmiş taze düz yapraklı maydanoz yaprağı
- 1 1/3 su bardağı taze bebek ıspanak
- 1 1/2 yemek kaşığı kızarmış çam fıstığı
- 1 1/2 yemek kaşığı rendelenmiş Parmesan peyniri
- 2 1/2 yemek kaşığı taze limon suyu
- 1 1/3 çay kaşığı koşer tuzu
- 1/3 çay kaşığı karabiber
- 1 1/3 orta boy sarımsak, ezilmiş
- 2/3 su bardağı sızma zeytinyağı
- 5 1/3 su bardağı kıyılmış et lokantası tavuğu (1 tavuktan)
- 2 2/3 bardak pişmiş kabuklu edamame
- 1 1/2 kutu 1 (15 ons) tuzsuz nohut, süzülmüş ve durulanmış
- 1 1/3 su bardağı kıyılmış İngiliz salatalık
- 5 1/3 su bardağı gevşekçe paketlenmiş roka

Talimatlar:

Maydanoz, ıspanak, limon suyu, çam fıstığı, peynir, sarımsak, tuz ve karabiberi mutfak robotunda karıştırın; yaklaşık 1 dakika işlem. İşlemci çalışırken yağ ekleyin; Pürüzsüz olana kadar yaklaşık 1 dakika işlem yapın.

Büyük bir kapta tavuk, edamame, nohut ve salatalığı karıştırın. Pesto ekleyin; birleştirmek için atmak.

6 kasenin her birine 2/3 su bardağı roka koyun; her birine 1 su bardağı tavuk salatası karışımı ekleyin. Hemen servis yapın.

Beslenme (100g için): 116 kalori 12 gr yağ 3 gr karbonhidrat 9 gr protein 663 mg sodyum

Kolay Roka Salatası

Hazırlama Süresi : 15 dakika

Pişirme süresi: 0 dakika

Porsiyon : 6

Zorluk Derecesi : Kolay

İçindekiler:

- 6 su bardağı genç roka yaprağı, durulanır ve kurutulur
- 1 1/2 su bardağı çeri domates, ikiye bölünmüş
- 6 yemek kaşığı çam fıstığı
- 3 yemek kaşığı üzüm çekirdeği yağı veya zeytinyağı
- 1 1/2 yemek kaşığı pirinç sirkesi
- 3/8 çay kaşığı tatmak için taze çekilmiş karabiber
- 6 yemek kaşığı rendelenmiş Parmesan peyniri
- tatmak için 3/4 çay kaşığı tuz
- 1 1/2 büyük avokado - soyulmuş, çekirdeksiz ve dilimlenmiş

Talimatlar:

Kapaklı büyük bir plastik tabakta roka, çeri domates, çam fıstığı ürünleri, yağ, sirke ve Parmesan peyniri ekleyin. Tatlandırmak için tuz ve karabiber ekleyin. Örtün ve karıştırmak için sıkın.

Salatayı porselen tabaklara ayırın ve üzerine avokado dilimleri ekleyin.

Beslenme (100g için): 120 kalori 12 gr yağ 14 gr karbonhidrat 25 gr protein 736 mg sodyum

Beyaz Nohut Fasulye Salatası

Hazırlama Süresi : 10 dakika

Pişirme süresi: 0 dakika

Porsiyon : 6

Zorluk Derecesi : Kolay

İçindekiler:

- 1 1/2 kutu (15 ons) nohut
- 1 1/2 kutu (2-1/4 ons) dilimlenmiş olgun zeytin, süzülmüş
- 1 1/2 orta boy domates
- 6 yemek kaşığı ince dilimlenmiş kırmızı soğan
- 2 1/4 su bardağı 1-1/2 kaba kıyılmış İngiliz salatalık
- 6 yemek kaşığı kıyılmış taze maydanoz
- 4 1/2 yemek kaşığı zeytinyağı
- 3/8 çay kaşığı tuz
- 1 1/2 yemek kaşığı limon suyu
- 3/16 çay kaşığı biber
- 7 1/2 su bardağı karışık salata yeşillikleri
- 3/4 fincan ufalanmış beyaz peynir

Talimatlar:

Tüm malzemeleri büyük bir kaba aktarın; birleştirmek için atmak. Parmesan peyniri ekleyin.

Beslenme (100g için): 140 kalori 16 gr yağ 10 gr karbonhidrat 24 gr protein 817 mg sodyum

Yunan Kahverengi ve Yabani Pirinç Kaseleri

Hazırlama Süresi : 15 dakika
Pişirme süresi: 5 dakika
Porsiyon : 4
Zorluk Derecesi : Kolay

İçindekiler:

- 2 paket (8-1/2 ons) servise hazır tam tahıllı kahverengi ve yabani pirinç karışımı
- 1 orta boy olgun avokado, soyulmuş ve dilimlenmiş
- 1 1/2 su bardağı çeri domates, ikiye bölünmüş
- 1/2 su bardağı Yunan salata sosu, bölünmüş
- 1/2 bardak ufalanmış beyaz peynir
- 1/2 su bardağı çekirdeksiz Yunan zeytinleri, dilimlenmiş
- İsteğe göre kıyılmış taze maydanoz

Talimatlar:

Mikrodalgaya dayanıklı bir tabakta tahıl karışımını ve 2 yemek kaşığı salata suyunu karıştırın. Örtün ve yaklaşık 2 dakika ısınana kadar yüksekte pişirin. 2 kase arasında bölün. En iyi avokado, domates sebzeleri, peynir, zeytin, artık sos ve istenirse maydanoz ile.

Beslenme (100g için): 116 kalori 10 gr yağ 9 gr karbonhidrat 26 gr protein 607 mg sodyum

Yunan Yemeği Salatası

Hazırlama Süresi : 10 dakika
Pişirme süresi: 0 dakika
Porsiyon : 4
Zorluk Derecesi : Kolay

İçindekiler:

- 2 1/2 yemek kaşığı iri kıyılmış taze maydanoz
- 2 yemek kaşığı iri kıyılmış taze dereotu
- 2 çay kaşığı taze limon suyu
- 2/3 çay kaşığı kurutulmuş kekik
- 2 çay kaşığı sızma zeytinyağı
- 4 bardak rendelenmiş Romaine marul
- 2/3 bardak ince dilimlenmiş kırmızı soğan
- 1/2 bardak ufalanmış beyaz peynir
- 2 su bardağı doğranmış domates
- 2 çay kaşığı kapari
- 2/3 salatalık, soyulmuş, uzunlamasına dörde bolünmüş ve ince dilimlenmiş
- 2/3 (19 ons) nohut, süzülmüş ve durulanmış olabilir
- 4 (6 inç) kepekli pide, her biri 8 dilime bölünmüş

Talimatlar:

İlk 5 maddeyi geniş bir kapta birleştirin; bir çırpma teli ile karıştırın. Marul ailesinin bir üyesini ve sonraki 6 malzemeyi ekleyin (nohuttan marul); iyi atmak Pide dilimleri ile servis yapın.

Beslenme (100g için):103 kalori 12 gr yağ 8 gr karbonhidrat 36 gr protein 813 mg sodyum

Limon-Rezene Salatası ile Halibut

Hazırlama Süresi : 15 dakika

Pişirme süresi: 5 dakika

Porsiyon : 2

Zorluk Derecesi : Ortalama

İçindekiler:

- 1/2 çay kaşığı öğütülmüş kişniş
- 1/4 çay kaşığı tuz
- 1/8 çay kaşığı taze çekilmiş karabiber
- 2 1/2 çay kaşığı sızma zeytinyağı, bölünmüş
- 1/4 çay kaşığı öğütülmüş kimyon
- 1 diş sarımsak, kıyılmış
- 2 (6 ons) pisi balığı filetosu
- 1 su bardağı rezene ampulü
- 2 yemek kaşığı ince dikey dilimlenmiş kırmızı soğan
- 1 yemek kaşığı taze limon suyu
- 1 1/2 çay kaşığı kıyılmış düz yapraklı maydanoz
- 1/2 çay kaşığı taze kekik yaprağı

Talimatlar:

İlk 4 maddeyi küçük bir kapta birleştirin. 1/2 çay kaşığı baharat karışımını, 2 çay kaşığı yağı ve sarımsağı küçük bir kapta birleştirin; sarımsaklı karanfil karışımını balıkların üzerine eşit şekilde sürün. Orta-yüksek sıcaklıkta oldukça büyük bir yapışmaz tavada 1 çay kaşığı yağı ısıtın. Tavaya balık ekleyin; her iki tarafta 5 dakika veya istenen pişme seviyesine kadar pişirin.

Kalan 3/4 çay kaşığı baharat karışımını, kalan 2 çay kaşığı yağı, rezene ampulünü ve kalan maddeleri orta boy bir kapta iyice karıştırarak birleştirin. Deniz ürünleri ile salata sağlayın.

Beslenme (100g için): 110 kalori 9 gr yağ 11 gr karbonhidrat 29 gr protein 558 mg sodyum

Otlu Yunan Tavuk Salatası

Hazırlama Süresi : 10 dakika
Pişirme süresi: 10 dakika
Porsiyon : 2
Zorluk Derecesi : Ortalama

İçindekiler:

- 1/2 çay kaşığı kurutulmuş kekik
- 1/4 çay kaşığı sarımsak tozu
- 3/8 çay kaşığı karabiber, bölünmüş
- pişirme spreyi
- 1/2 kiloluk derisiz, kemiksiz tavuk göğsü, 1 inçlik küpler halinde kesilmiş
- 1/4 çay kaşığı tuz, bölünmüş
- 1/2 su bardağı sade yağsız yoğurt
- 1 çay kaşığı tahin (susam tohumu ezmesi)
- 2 1/2 çay kaşığı. taze limon suyu
- 1/2 çay kaşığı şişe kıyılmış sarımsak
- 4 bardak doğranmış Romaine marul
- 1/2 su bardağı soyulmuş doğranmış İngiliz salatalık
- 1/2 bardak üzüm domates, yarıya
- 3 çekirdeksiz kalamata zeytin, ikiye bölünmüş
- 2 yemek kaşığı (1 ons) ufalanmış beyaz peynir

Talimatlar:

Kekik, sarımsak doğal tozu, 1/2 çay kaşığı biber ve 1/4 çay kaşığı tuzu bir kasede birleştirin. Yapışmaz bir tavayı orta-yüksek ateşte ısıtın. Pişirme gıda spreyi ile kaplama tavası. Kümes hayvanları ve baharat kombinasyonunu ekleyin; kümes hayvanları bitene kadar sote edin. 1 çay kaşığı meyve suyu ile gezdirin; karıştırmak. Tavadan çıkarın.

Kalan 2 çay kaşığı meyve suyu, kalan 1/4 çay kaşığı sodyum, kalan 1/4 çay kaşığı biber, yoğurt, tahin ve sarımsağı küçük bir kapta birleştirin; iyice karıştırın. Marul ailesinin bir üyesi, salatalık, domates ve zeytinleri birleştirin. 4 tabağın her birine 2 1/2 bardak marul karışımı koyun. Her porsiyonu 1/2 su bardağı tavuk kombinasyonu ve 1 çay kaşığı peynirle doldurun. Her porsiyonu 3 yemek kaşığı yoğurt karışımı ile gezdirin

Beslenme (100g için): 116 kalori 11 gr yağ 15 gr karbonhidrat 28 gr protein 634 mg sodyum

Yunan Kuskus Salatası

Hazırlama Süresi : 10 dakika
Pişirme süresi: 15 dakika
Porsiyon : 10
Zorluk Derecesi : Kolay

İçindekiler:

- 1 kutu (14-1/2 ons) azaltılmış sodyumlu tavuk suyu
- 1 1/2 bardak 1-3/4 pişmemiş kepekli kuskus (yaklaşık 11 ons)
- Pansuman:
- 6 1/2 yemek kaşığı zeytinyağı
- 1 1/4 çay kaşığı 1-1/2 rendelenmiş limon kabuğu rendesi
- 3 1/2 yemek kaşığı limon suyu
- 13/16 çay kaşığı adobo çeşnileri
- 3/16 çay kaşığı tuz
- Salata:
- 1 2/3 su bardağı üzüm domates, yarıya
- 5/6 İngiliz salatalık, uzunlamasına ikiye bölünmüş ve dilimlenmiş
- 3/4 su bardağı iri kıyılmış taze maydanoz
- 1 kutu (6-1/2 ons) dilimlenmiş olgun zeytin, süzülmüş
- 6 1/2 yemek kaşığı ufalanmış beyaz peynir
- 3 1/3 yeşil soğan, doğranmış

Talimatlar:

Büyükçe bir tencerede suyu kaynatın. Kuskusta karıştırın. Ateşten alın; et suyu emilene kadar yaklaşık 5 dakika üzeri kapalı olarak bekletin. Büyük bir tabağa aktarın; tamamen soğutun.

Pansuman malzemelerini birlikte çırpın. Kuskusa salatalık, domates sebzeleri, maydanoz, zeytin ve yeşil soğan ekleyin; pansumana karıştırın. Yavaşça peynirle karıştırın. Hemen sağlayın veya soğutun ve soğuk olarak servis yapın.

Beslenme (100g için): 114 kalori 13 gr yağ 18 gr karbonhidrat 27 gr protein 811 mg sodyum

Denver Kızarmış Omlet

Hazırlama Süresi : 10 dakika

Pişirme süresi: 30 dakika

Porsiyon : 4

Zorluk Derecesi : Ortalama

İçindekiler:

- 2 yemek kaşığı tereyağı
- 1/2 soğan, kıyma
- 1/2 yeşil biber, kıyılmış
- 1 su bardağı kıyılmış pişmiş jambon
- 8 yumurta
- 1/4 su bardağı süt
- 1/2 su bardağı rendelenmiş kaşar peyniri ve tatmak için öğütülmüş karabiber

Talimatlar:

Fırını 200 derece C'ye (400 derece F) önceden ısıtın. 10 inçlik yuvarlak bir fırın tepsisini yağlayın.

Tereyağını orta ateşte eritin; soğan ve biberi yumuşayana kadar yaklaşık 5 dakika pişirin ve karıştırın. Jambonu ilave edin ve her şey sıcak olana kadar 5 dakika pişirmeye devam edin.

Yumurtaları ve sütü geniş bir kapta çırpın. Kaşar peyniri ve jambon karışımını ilave edin; Tuz ve karabiberle tatlandırın. Karışımı bir fırın tepsisine dökün. Fırında yaklaşık 25 dakika pişirin. Sıcak servis yapın.

Beslenme (100g için): 345 Kalori 26,8 gr Yağ 3,6 gr Karbonhidratlar 22,4 gr Protein 712 mg Sodyum

sosis tavası

Hazırlama Süresi : 25 dakika

Pişirme süresi: 60 dakika

Porsiyon : 12

Zorluk Derecesi : Ortalama

İçindekiler:

- 1 kiloluk Adaçayı Kahvaltı Sosis,
- 3 bardak rendelenmiş patates, süzülmüş ve sıkılmış
- 1/4 su bardağı eritilmiş tereyağı,
- 12 ons yumuşak rendelenmiş Çedar peyniri
- 1/2 su bardağı soğan, rendelenmiş
- 1 (16 oz) küçük süzme peynir kabı
- 6 dev yumurta

Talimatlar:

Fırını 190 °C'ye ayarlayın. 9 x 13 inçlik kare bir fırın kabını hafifçe yağlayın.

Sosisleri büyük bir kızartma tavasına koyun. Pürüzsüz olana kadar orta ateşte pişirin. Boşaltın, parçalayın ve ayırın.

Hazırlanan pişirme kabında rendelenmiş patatesleri ve tereyağını karıştırın. Tepsinin altını ve kenarlarını karışımla kaplayın. Bir kasede sosis, çedar, soğan, süzme peynir ve yumurtaları birleştirin. Üzerine patatesli karışımı dökün. Pişmesine izin ver.

Servis yapmadan önce 5 dakika soğumaya bırakın.

Beslenme (100g için): 355 Kalori 26,3 gr Yağ 7,9 gr Karbonhidratlar 21,6 gr Protein 755 mg Sodyum.

ızgara marine edilmiş karides

Hazırlama Süresi : 30 dakika
Pişirme süresi: 60 dakika
Porsiyon : 6
Zorluk Derecesi : Kolay

İçindekiler:

- 1 su bardağı zeytinyağı,
- 1/4 su bardağı kıyılmış taze maydanoz
- 1 limon suyu,
- 3 diş sarımsak, ince kıyılmış
- 1 yemek kaşığı domates püresi
- 2 çay kaşığı kurutulmuş kekik,
- 1 çay kaşığı tuz
- 2 yemek kaşığı acı biber sosu
- 1 tatlı kaşığı toz karabiber,
- 2 pound karides, soyulmuş ve kuyrukları sıyrılmış

Talimatlar:

Zeytinyağı, maydanoz, limon suyu, acı sos, sarımsak, domates püresi, kekik, tuz ve karabiberi bir kapta karıştırın. Daha sonra dizmek için küçük bir miktar ayırın. Büyük, yeniden kapatılabilir plastik torbayı marine ve karidesle doldurun. Kapatın ve 2 saat soğumaya bırakın.

Izgarayı orta ateşte önceden ısıtın. Karidesleri şişlere geçirin, bir kez kuyruğundan ve bir kez kafasından dürtün. Marinayı atın.

Izgarayı hafifçe yağlayın. Karidesleri her iki tarafta 5 dakika veya opak olana kadar pişirin, sık sık ayrılmış turşuyla yağlayın.

Beslenme (100g için): 447 Kalori 37.5g Yağ 3.7g Karbonhidratlar 25.3g Protein 800mg Sodyum

Sosisli Yumurta Güveç

Hazırlama Süresi : 20 dakika

Pişirme süresi: 1 saat 10 dakika

Porsiyon : 12

Zorluk Derecesi : Ortalama

İçindekiler:

- 3/4 kiloluk ince kıyılmış domuz sosisi
- 1 yemek kaşığı tereyağı
- 4 adet yeşil soğan, kıyma
- 1/2 pound taze mantar
- 10 yumurta, çırpılmış
- 1 kap (16 gram) az yağlı süzme peynir
- 1 pound Monterey Jack Peyniri, rendelenmiş
- 2 kutu doğranmış yeşil biber, süzülmüş
- 1 su bardağı un, 1 tatlı kaşığı kabartma tozu
- 1/2 çay kaşığı tuz
- 1/3 su bardağı eritilmiş tereyağı

Talimatlar:

Sosisleri derin bir tavaya koyun. Pürüzsüz olana kadar orta ateşte pişirin. Süzün ve bir kenara koyun. Tereyağını bir tavada eritin, yeşil soğanları ve mantarları yumuşayana kadar karıştırarak pişirin.

Büyük bir kapta yumurta, süzme peynir, Monterey Jack peyniri ve biberleri birleştirin. Sosis, yeşil soğan ve mantarları karıştırın. Üzerini örtün ve geceyi buzdolabında geçirin.

Fırını 175 ° C'ye (350 ° F) ayarlayın. 9 x 13 inç hafif pişirme kabını yağlayın.

Un, kabartma tozu ve tuzu bir kaba eleyin. Eritilmiş tereyağını karıştırın. Un karışımını yumurta karışımına ekleyin. Hazırlanan pişirme kabına dökün. Hafifçe kızarana kadar pişirin. Servis yapmadan önce 10 dakika bekletin.

Beslenme (100g için): 408 Kalori 28.7g Yağ 12.4g Karbonhidratlar 25.2g Protein 1095mg Sodyum

Fırında Omlet Kareleri

Hazırlama Süresi : 15 dakika

Pişirme süresi: 30 dakika

Porsiyon : 8

Zorluk Derecesi : Kolay

İçindekiler:

- 1/4 su bardağı tereyağı
- 1 küçük soğan, kıyma
- 1 1/2 su bardağı rendelenmiş çedar peyniri
- 1 kutu dilimlenmiş mantar
- 1 dilim siyah zeytin pişmiş jambon (isteğe bağlı)
- dilimlenmiş jalapeno biberi (isteğe bağlı)
- 12 yumurta, çırpılmış yumurta
- 1/2 su bardağı süt
- tatmak için biber ve tuz

Talimatlar:

Fırını 205 ˚ C'ye (400 ° F) hazırlayın. 9 x 13 inçlik bir fırın tepsisini yağlayın.

Tereyağını bir tavada orta ateşte pişirin ve soğanı bitene kadar pişirin.

Hazırladığınız fırın tepsisinin tabanına kaşar peynirini yayın. Mantar, zeytin, kızarmış soğan, jambon ve jalapeno biberi ile katmanlayın. Yumurtaları bir kapta süt, tuz ve karabiberle karıştırın. Yumurtalı karışımı malzemelerin üzerine dökün ama karıştırmayın.

Üstü açık ve önceden ısıtılmış fırında, ortasından sıvı akmayan ve üstü açık kahverengi olana kadar pişirin. Biraz soğumaya bırakın, sonra kareler halinde kesin ve servis yapın.

Beslenme (100g için): 344 Kalori 27,3g Yağ 7,2g Karbonhidratlar 17,9g Protein 1087mg Sodyum

Sert haşlanmış yumurta

Hazırlama Süresi : 5 dakika

Pişirme süresi: 15 dakika

Porsiyon : 8

Zorluk Derecesi : Kolay

İçindekiler:

- 1 yemek kaşığı tuz
- 1/4 su bardağı damıtılmış beyaz sirke
- 6 su bardağı su
- 8 yumurta

Talimatlar:

Tuz, sirke ve suyu büyük bir tencereye koyun ve yüksek ateşte kaynatın. Yumurtaları teker teker ekleyin ve ayırmamaya dikkat edin. Ateşi kısıp kısık ateşte 14 dakika pişirin.

Yumurtaları sıcak sudan çıkarın ve buzlu veya soğuk su dolu bir kaba koyun. Tamamen soğutun, yaklaşık 15 dakika.

Beslenme (100g için): 72 Kalori 5 gr Yağ 0,4 gr Karbonhidratlar 6,3 gr Protein 947 mg Sodyum

Soya Soslu Sırlı Mantarlar

Hazırlama Süresi : 5 dakika

Pişirme süresi: 10 dakika

Porsiyon : 2

Zorluk Derecesi : Ortalama

İçindekiler:

- 2 yemek kaşığı tereyağı
- 1 (8 ons) paket dilimlenmiş beyaz mantar
- 2 diş sarımsak, kıyılmış
- 2 çay kaşığı soya sosu
- tatmak için öğütülmüş karabiber

Talimatlar:

Tereyağını bir tavada orta ateşte pişirin; mantarları karıştırın; mantarlar yumuşayıncaya ve yaklaşık 5 dakika salınıncaya kadar pişirin ve karıştırın. Sarımsağı karıştırın; pişirmeye devam edin ve 1 dakika karıştırın. Soya sosu dökün; mantarları soya sosunda sıvı buharlaşana kadar yaklaşık 4 dakika pişirin.

Beslenme (100g için): 135 Kalori 11.9g Yağ 5.4g Karbonhidratlar

biberli yumurta

Hazırlama Süresi : 10 dakika

Pişirme süresi: 20 dakika

Porsiyon : 2

Zorluk Derecesi : Ortalama

İçindekiler:

- 1 bardak yumurta ikamesi
- 1 yumurta
- 3 adet yeşil soğan, kıyma
- 8 dilim pepperoni, doğranmış
- 1/2 çay kaşığı sarımsak tozu
- 1 çay kaşığı eritilmiş tereyağı
- 1/4 su bardağı rendelenmiş Romano peyniri
- tatmak için tuz ve öğütülmüş karabiber

Talimatlar:

Yumurta muadilini, yumurtayı, yeşil soğanları, pepperoni dilimlerini ve sarımsak tozunu bir kasede birleştirin.

Tereyağını yapışmaz bir tavada kısık ateşte pişirin; Yumurta karışımını ekleyin, tavayı kapatın ve 10 ila 15 dakika pişirin. Romano'nun yumurtalarını serpin ve tuz ve karabiber ekleyin.

Beslenme (100g için): 266 Kalori 16.2g Yağ 3.7g Karbonhidratlar 25.3g Protein 586mg Sodyum

yumurtalı kek

Hazırlama Süresi : 15 dakika

Pişirme süresi: 20 dakika

Porsiyon : 6

Zorluk Derecesi : Ortalama

İçindekiler:

- 1 paket domuz pastırması (12 ons)
- 6 yumurta
- 2 yemek kaşığı süt
- 1/4 çay kaşığı tuz
- 1/4 çay kaşığı öğütülmüş karabiber
- 1 ç. Eritilmiş tereyağı
- 1/4 çay kaşığı. Kurutulmuş maydanoz
- 1/2 su bardağı jambon
- 1/4 bardak mozzarella peyniri
- 6 dilim guda

Talimatlar:

Fırını 175 ° C'ye (350 ° F) hazırlayın. Pastırmayı orta ateşte kahverengileşmeye başlayana kadar pişirin. Pastırma dilimlerini mutfak kağıdıyla kurulayın.

Pastırma dilimlerini 6 adet yapışmaz muffin tepsisine yerleştirin. Kalan pastırmayı dilimleyin ve her bir bardağın dibine koyun.

Yumurta, süt, tereyağı, maydanoz, tuz ve karabiberi karıştırın. Jambon ve mozzarella peynirini ekleyin.

Bardakları yumurta karışımıyla doldurun; Gouda peyniri ile süsleyin.

Önceden ısıtılmış fırında Gouda peyniri eriyene ve yumurtalar yumuşayana kadar yaklaşık 15 dakika pişirin.

Beslenme (100g için): 310 Kalori 22.9g Yağ 2.1g Karbonhidratlar 23.1g Protein 988mg Sodyum.

dinozor yumurtaları

Hazırlama Süresi : 20 dakika

Pişirme süresi: 15 dakika

Porsiyon : 4

Zorluk Derecesi : Zor

İçindekiler:

- Hardal sosu:
- 1/4 su bardağı kaba hardal
- 1/4 su bardağı Yunan yoğurdu
- 1 çay kaşığı sarımsak tozu
- 1 tutam acı biber
- Yumurtalar:
- 2 çırpılmış yumurta
- 2 su bardağı patates püresi
- 4 haşlanmış yumurta, soyulmuş
- 1 kutu (15 oz) HORMEL® Mary Kitchen® ince kıyılmış sığır eti kıyması
- Kızartmak için 2 litre sıvı yağ

Talimatlar:

Eski usul hardalı, yoğurdu, sarımsak tozunu ve acı biberi küçük bir kapta pürüzsüz olana kadar karıştırın.

2 çırpılmış yumurtayı sığ bir tabağa aktarın; patates pullarını ayrı bir sığ tabağa koyun.

Kıymayı 4 Porsiyona bölün. Tamamen sarılana kadar her yumurtanın etrafına tuzlanmış sığır eti oluşturun.

Sarılı yumurtaları çırpılmış yumurtaya batırın ve kaplanana kadar patates püresi ile fırçalayın.

Yağı büyük bir tencereye doldurun ve 190 ° C'de (375 ° F) ısıtın.

Kızgın yağa 2 yumurta koyun ve kahverengi olana kadar 3 ila 5 dakika pişirin. Bir damla kaşıkla çıkarın ve mutfak kağıdıyla kaplı bir tabağa koyun. Bunu kalan 2 yumurta ile tekrarlayın.

Uzunlamasına kesin ve hardal sosu ile servis yapın.

Beslenme (100g için): 784 Kalori 63.2g Yağ 34g Karbonhidratlar

Dereotu ve Domates Frittata

Hazırlama Süresi : 10 dakika

Pişirme süresi: 35 dakika

Porsiyon : 6

Zorluk Derecesi : Ortalama

İçindekiler:

- Tat vermek için biber ve tuz
- 1 çay kaşığı pul biber
- 2 diş sarımsak, kıyılmış
- ½ su bardağı ufalanmış keçi peyniri – isteğe bağlı
- 2 yemek kaşığı taze frenk soğanı, doğranmış
- 2 yemek kaşığı taze dereotu, kıyılmış
- 4 domates, doğranmış
- 8 yumurta, çırpılmış
- 1 çay kaşığı hindistan cevizi yağı

Talimatlar:

9 inçlik yuvarlak bir fırın tepsisini yağlayın ve fırını 325oF'ye ısıtın.

Büyük bir kapta, tüm malzemeleri iyice karıştırın ve önceden hazırlanmış tavaya dökün.

Fırına sürün ve ortası pişene kadar yaklaşık 30-35 dakika pişirin.

Fırından çıkarın ve daha fazla frenk soğanı ve dereotu ile süsleyin.

Beslenme (100g için): 149 Kalori 10.28g Yağ 9.93g Karbonhidratlar 13.26g Protein 523mg Sodyum

Paleo Bademli Muzlu Krep

Hazırlama Süresi : 10 dakika

Pişirme süresi: 10 dakika

Porsiyon : 3

Zorluk Derecesi : Ortalama

İçindekiler:

- ¼ su bardağı badem unu
- ½ çay kaşığı öğütülmüş tarçın
- 3 yumurta
- 1 muz, ezilmiş
- 1 yemek kaşığı badem ezmesi
- 1 çay kaşığı vanilya özü
- 1 çay kaşığı zeytinyağı
- Servis için dilimlenmiş muz

Talimatlar:

Yumurtaları bir kapta köpürene kadar çırpın. Başka bir kapta muzu çatalla ezip yumurtalı karışıma ekleyin. Vanilya, badem yağı, tarçın ve badem ununu ekleyin. Pürüzsüz bir meyilli olarak karıştırın. Zeytinyağını bir tavada ısıtın. Hamurdan bir kaşık alıp her iki tarafını da kızartın.

Tüm hamuru bitirene kadar bu adımları uygulamaya devam edin.

Servis yapmadan önce üstüne biraz dilimlenmiş muz ekleyin.

Beslenme (100g için): 306 Kalori 26g Yağ 3.6g Karbonhidratlar 14.4g Protein 588mg Sodyum

yumurtalı kabak

Hazırlama Süresi : 5 dakika
Pişirme süresi: 10 dakika
Porsiyon : 2
Zorluk Derecesi : Kolay

İçindekiler:

- 1 1/2 yemek kaşığı zeytinyağı
- 2 büyük kabak, büyük parçalar halinde kesilmiş
- tatmak için tuz ve öğütülmüş karabiber
- 2 büyük yumurta
- 1 çay kaşığı su veya arzuya göre

Talimatlar:

Yağı bir tavada orta ateşte pişirin; Kabakları yumuşayana kadar yaklaşık 10 dakika soteleyin. Kabağı güzelce baharatlayın.

Yumurtaları çatal yardımıyla bir kasede çırpın. Suya dökün ve her şey iyice karışana kadar çırpın. Yumurtaları kabağın üzerine dökün; Kaynatın ve çırpılmış yumurtalar akmaya başlayana kadar karıştırın, yaklaşık 5 dakika. Kabak ve yumurtaları iyice baharatlayın.

Beslenme (100g için): 213 Kalori 15.7g Yağ 11.2g Karbonhidratlar 10.2g Protein 180mg Sodyum

Peynirli Amish Kahvaltılık Güveç

Hazırlama Süresi : 10 dakika

Pişirme süresi: 50 dakika

Porsiyon : 12

Zorluk Derecesi : Kolay

İçindekiler:

- 1 kiloluk dilimlenmiş domuz pastırması, doğranmış,
- 1 tatlı soğan, kıyma
- 4 su bardağı rendelenmiş ve dondurulmuş patates, çözülmüş
- 9 adet hafif çırpılmış yumurta
- 2 su bardağı rendelenmiş kaşar peyniri
- 1 1/2 bardak süzme peynir
- 1 1/4 su bardağı rendelenmiş İsviçre peyniri

Talimatlar:

Fırını 175 ° C'ye (350 ° F) önceden ısıtın. 9 x 13 inçlik bir fırın tepsisini yağlayın.

Büyük kızartma tavasını orta ateşte ısıtın; pastırma ve soğanı pastırma yaklaşık 10 dakika eşit şekilde kızarana kadar pişirin ve karıştırın. Boşaltmak. Patates, yumurta, çedar peyniri, süzme peynir ve İsviçre peynirini karıştırın. Karışımı hazırlanmış bir pişirme kabına doldurun.

Yumurtalar pişene ve peynir eriyene kadar fırında 45 ila 50 dakika pişirin. Kesmeden ve servis yapmadan önce 10 dakika bekletin.

Beslenme (100g için): 314 Kalori 22.8g Yağ 12.1g Karbonhidratlar 21.7g Protein 609mg Sodyum

Rokfor Peynirli Salata

Hazırlama Süresi : 20 dakika

Pişirme süresi: 25 dakika

Porsiyon : 6

Zorluk Derecesi : Kolay

İçindekiler:

- 1 yaprak marul, lokma büyüklüğünde parçalara ayrılmış
- 3 armut - soyulmuş, çekirdeksiz ve parçalar halinde kesilmiş
- 5 ons rokfor peyniri, ufalanmış
- 1/2 su bardağı kıyılmış yeşil soğan
- 1 avokado - soyulmuş, çekirdeği çıkarılmış ve doğranmış
- 1/4 su bardağı beyaz şeker
- 1/2 su bardağı pekan cevizi
- 1 1/2 çay kaşığı beyaz şeker
- 1/3 su bardağı zeytinyağı,
- 3 yemek kaşığı kırmızı şarap sirkesi,
- 1 1/2 çay kaşığı hazır hardal,
- 1 diş kıyılmış sarımsak,
- 1/2 çay kaşığı öğütülmüş taze karabiber

Talimatlar:

Orta ateşte bir tavada cevizlerle 1/4 bardak şeker ekleyin. Cevizlerle şeker eriyene kadar hafifçe karıştırmaya devam edin. Somunları yağlı kağıda dikkatlice yerleştirin. Bir kenara koyun ve parçalara ayırın.

Salata yağı, sirke, 1 1/2 çay kaşığı şeker, hardal, kıyılmış sarımsak, tuz ve karabiber kombinasyonu.

Büyük bir kapta marul, armut, mavi peynir, avokado ve yeşil soğanı karıştırın. Sosu salatanın üzerine dökün, üzerine ceviz serpin ve servis yapın.

Beslenme (100g için): 426 Kalori 31.6g Yağ 33.1g Karbonhidratlar 8g Protein 654mg Sodyum

Şehriyeli Pilav

Hazırlama Süresi : 5 dakika

Pişirme süresi: 45 dakika

Porsiyon : 6

Zorluk Derecesi : Kolay

İçindekiler:

- 2 bardak kısa taneli pirinç
- 3½ su bardağı su, artı pirinci durulamak ve ıslatmak için daha fazlası
- ¼ su bardağı zeytinyağı
- 1 su bardağı kırık şehriye makarna
- Tuz

Talimatlar:

Pirinci, temiz su akana kadar soğuk suyun altında bekletin. Pirinci bir kaseye koyun, üzerini geçecek kadar su ekleyin ve 10 dakika bekletin. Süzün ve bir kenara koyun. Orta boy bir tencerede zeytinyağını orta ateşte pişirin.

Erişteyi ilave edin ve sürekli karıştırarak 2 ila 3 dakika altın rengi olana kadar pişirin.

Pirinci koyun ve karıştırarak 1 dakika pişirin, böylece pirinç yağda iyice kaplanır. Su ve bir tutam tuz ilave edip sıvıyı kaynatın. Isıyı ayarlayın ve 20 dakika pişirin. Ocaktan alıp 10 dakika dinlendirin. Çatalla kabartın ve servis yapın.

Beslenme (100g için): 346 kalori 9 gr toplam yağ 60 gr karbonhidrat 2 gr protein 0.9 mg sodyum

Bakla ve Pirinç

Hazırlama Süresi : 10 dakika

Pişirme süresi: 35 dakika

Porsiyon : 4

Zorluk Derecesi : Kolay

İçindekiler:

- ¼ su bardağı zeytinyağı
- 4 bardak taze bakla, kabuklu
- 4½ bardak su, artı çiselemek için daha fazlası
- 2 su bardağı basmati pirinci
- 1/8 çay kaşığı tuz
- 1/8 çay kaşığı taze çekilmiş karabiber
- 2 yemek kaşığı çam fıstığı, kavrulmuş
- ½ fincan kıyılmış taze frenk soğanı veya taze soğan frenk soğanı

Talimatlar:

Sos tavasını zeytinyağı ile doldurun ve orta ateşte pişirin. Baklaları ckleyin ve yanmasını veya yapışmasını önlemek için biraz su ile gezdirin. 10 dakika pişirin.

Pirinci yavaşça karıştırın. Suyu, tuzu ve karabiberi ekleyin. Isıyı ayarlayın ve karışımı kaynatın. Isıyı ayarlayın ve 15 dakika kaynamaya bırakın.

Ocaktan alıp servis yapmadan önce 10 dakika dinlendirin. Servis tabağına alıp üzerine kavrulmuş çam fıstığı ve frenk soğanı serpin.

Beslenme (100g için): 587 kalori 17 gr toplam yağ 97 gr karbonhidrat 2 gr protein 0.6 mg sodyum

Tereyağlı Bakla

Hazırlama Süresi : 30 dakika

Pişirme süresi: 15 dakika

Porsiyon : 4

Zorluk Derecesi : Kolay

İçindekiler:

- ½ su bardağı sebze suyu
- 4 pound bakla, kabuklu
- ¼ fincan taze tarhun, bölünmüş
- 1 çay kaşığı kıyılmış taze kekik
- ¼ çay kaşığı taze çekilmiş karabiber
- 1/8 çay kaşığı tuz
- 2 yemek kaşığı tereyağı
- 1 diş sarımsak, kıyılmış
- 2 yemek kaşığı kıyılmış taze maydanoz

Talimatlar:

Sığ bir tavada orta ateşte sebze suyunu kaynatın. Bakla, 2 yemek kaşığı tarhun, kekik, karabiber ve tuzu ekleyin. Et suyu neredeyse emilene ve fasulyeler yumuşayana kadar pişirin.

Tereyağı, sarımsak ve kalan 2 yemek kaşığı tarhun ile karıştırın. 2 ila 3 dakika pişirin. Üzerine maydanoz serpip sıcak servis yapın.

Beslenme (100g için): 458 kalori 9 gr yağ 81 gr karbonhidrat 37 gr protein 691 mg sodyum

Freekeh

Hazırlama Süresi : 10 dakika

Pişirme süresi: 40 dakika

Porsiyon : 4

Zorluk Derecesi : Kolay

İçindekiler:

- 4 yemek kaşığı Tereyağı
- 1 soğan, doğranmış
- 3½ su bardağı sebze suyu
- 1 çay kaşığı öğütülmüş yenibahar
- 2 su bardağı freekeh
- 2 yemek kaşığı çam fıstığı, kavrulmuş

Talimatlar:

Orta ateşte ağır dipli bir tencerede tereyağını eritin. Soğanı ilave edin ve soğan altın rengi olana kadar sürekli karıştırarak yaklaşık 5 dakika pişirin. Sebze suyunu dökün, yenibahar ekleyin ve kaynatın. Freekeh'i ilave edin ve karışımı tekrar kaynama noktasına getirin. Isıyı ayarlayın ve 30 dakika pişirin, ara sıra karıştırın. Freekeh'i servis tabağına alın ve üzerine kavrulmuş çam fıstığı ekleyin.

Beslenme (100g için): 459 kalori 18 gr yağ 64 gr karbonhidrat 10 gr protein 692 mg sodyum

Domates Soslu Kızarmış Pilav Topları

Hazırlama Süresi : 15 dakika

Pişirme süresi: 20 dakika

Porsiyon : 8

Zorluk Derecesi : Zor

İçindekiler:

- 1 su bardağı galeta unu
- 2 su bardağı pişmiş risotto
- 2 büyük yumurta, bölünmüş
- ¼ fincan taze rendelenmiş Parmesan peyniri
- 8 taze bebek mozzarella topu veya 1 (4 inç) günlük taze mozzarella, 8 parçaya bölünmüş
- 2 yemek kaşığı su
- 1 su bardağı mısır yağı
- 1 su bardağı Temel Domates Fesleğen Sosu veya mağazadan satın alınmış

Talimatlar:

Ekmek kırıntılarını küçük bir kaseye yerleştirin ve bir kenara koyun. Orta boy bir kapta risotto, 1 yumurta ve Parmesan peynirini iyice karıştırın. Risotto karışımını 8 parçaya bölün. Bunları temiz bir çalışma yüzeyine yerleştirin ve her parçayı düzleştirin.

Her düzleştirilmiş pirinç diskine 1 mozzarella topu yerleştirin. Bir top oluşturmak için pirinci mozzarellanın etrafına kapatın. Tüm topları bitirene kadar tekrarlayın. Aynı ortamda, artık boş olan kapta, kalan yumurtayı ve suyu çırpın. Hazırlanan her risotto topunu yumurta yıkamaya batırın ve galeta ununa bulayın. Kenara koyun.

Mısır yağını yüksek ateşte bir tavada pişirin. Risotto toplarını yavaşça sıcak yağa indirin ve altın rengi kahverengi olana kadar 5 ila 8 dakika kızartın. Tüm yüzeyin kızardığından emin olmak için gerektiği kadar karıştırın. Oluklu bir kaşık kullanarak, kızartılan topları boşaltmak için kağıt havlulara koyun.

Domates sosunu orta boy bir tencerede orta ateşte 5 dakika ısıtın, ara sıra karıştırarak sıcak sosu pirinç toplarının yanında servis edin.

Beslenme (100g için): 255 kalori 15 gr yağ 16 gr karbonhidrat 2 gr protein 669 mg sodyum

İspanyol Usulü Pilav

Hazırlama Süresi : 10 dakika

Pişirme süresi: 35 dakika

Porsiyon : 4

Zorluk Derecesi : Ortalama

İçindekiler:

- ¼ su bardağı zeytinyağı
- 1 küçük soğan, ince kıyılmış
- 1 kırmızı dolmalık biber, tohumlanmış ve doğranmış
- 1½ su bardağı beyaz pirinç
- 1 çay kaşığı tatlı kırmızı biber
- ½ çay kaşığı öğütülmüş kimyon
- ½ çay kaşığı öğütülmüş kişniş
- 1 diş sarımsak, kıyılmış
- 3 yemek kaşığı domates salçası
- 3 su bardağı sebze suyu
- 1/8 çay kaşığı tuz

Talimatlar:

Zeytinyağını büyük, kalın tabanlı bir tavada orta ateşte pişirin. Soğan ve kırmızı dolmalık biberi katıp karıştırın. 5 dakika veya yumuşayana kadar pişirin. Pirinç, kırmızı biber, kimyon ve kişniş ekleyin ve sık sık karıştırarak 2 dakika pişirin.

Sarımsak, domates salçası, sebze suyu ve tuzu ekleyin. İyice karıştırın ve gerektiği gibi baharatlayın. Karışımı kaynamaya bırakın. Ateşi kısın ve 20 dakika pişirin.

Servis yapmadan önce 5 dakika bekletin.

Beslenme (100g için): 414 kalori 14 gr yağ 63 gr karbonhidrat 2 gr protein 664 mg sodyum

Pirinç ve Cacık ile Kabak

Hazırlama Süresi : 20 dakika

Pişirme süresi: 35 dakika

Porsiyon : 4

Zorluk Derecesi : Ortalama

İçindekiler:

- ¼ su bardağı zeytinyağı
- 1 soğan, doğranmış
- 3 kabak, doğranmış
- 1 su bardağı sebze suyu
- ½ su bardağı kıyılmış taze dereotu
- Tuz
- Taze çekilmiş karabiber
- 1 su bardağı kısa taneli pirinç
- 2 yemek kaşığı çam fıstığı
- 1 su bardağı Tzatziki Sos, Sade Yoğurt veya mağazadan satın alınmış

Talimatlar:

Ağır dipli bir tencerede yağı orta ateşte kızdırın. Soğanı ilave edin, ısıyı orta-düşük seviyeye getirin ve 5 dakika soteleyin. Kabakta karıştırın ve 2 dakika daha pişirin.

Sebze suyu ve dereotunu ilave edip tuz ve karabiberle tatlandırın. Isıyı ortama çevirin ve karışımı kaynatın.

Pirinci ilave edin ve karışımı tekrar kaynatın. Ateşi çok kısın, tencerenin kapağını kapatın ve 15 dakika pişirin. Ateşten alın ve 10 dakika bekletin. Pilavı servis tabağına alın, üzerine çam fıstığı serpin ve tzatziki sos ile servis yapın.

Beslenme (100g için): 414 kalori 17 gr yağ 57 gr karbonhidrat 5 gr protein 591 mg sodyum

Biberiye ve Sarımsaklı Aioli ile Cannellini Fasulyesi

Hazırlama Süresi : 10 dakika
Pişirme süresi: 10 dakika
Porsiyon : 4
Zorluk Derecesi : Kolay

İçindekiler:

- 4 su bardağı pişmiş cannellini fasulyesi
- 4 su bardağı su
- ½ çay kaşığı tuz
- 3 yemek kaşığı zeytinyağı
- 2 yemek kaşığı kıyılmış taze biberiye
- ½ su bardağı Sarımsaklı Aioli
- ¼ çay kaşığı taze çekilmiş karabiber

Talimatlar:

Cannellini fasulyelerini, suyu ve tuzu orta boy bir tencerede orta ateşte karıştırın. kaynatın. 5 dakika pişirin. Boşaltmak. Orta ateşte bir tavada zeytinyağını pişirin.

Fasulyeleri ekleyin. Biberiye ve aioli'yi karıştırın. Isıyı orta-düşük seviyeye ayarlayın ve sadece ısıtmak için karıştırarak pişirin. Biberle tatlandırın ve servis yapın.

Beslenme (100g için): 545 kalori 36 gr yağ 42 gr karbonhidrat 14 gr protein 608 mg sodyum

Mücevherli Pirinç

Hazırlama Süresi : 15 dakika

Pişirme süresi: 30 dakika

Porsiyon : 6

Zorluk Derecesi : Zor

İçindekiler:

- ½ su bardağı zeytinyağı, bölünmüş
- 1 soğan, ince kıyılmış
- 1 diş sarımsak, kıyılmış
- ½ çay kaşığı kıyılmış soyulmuş taze zencefil
- 4½ bardak su
- 1 çay kaşığı tuz, bölünmüş, artı gerektiği kadar fazlası
- 1 çay kaşığı öğütülmüş zerdeçal
- 2 su bardağı basmati pirinci
- 1 su bardağı taze tatlı bezelye
- 2 havuç, soyulmuş ve ½ inç zar şeklinde kesilmiş
- ½ su bardağı kuru yaban mersini
- 1 portakalın rendelenmiş kabuğu
- 1/8 çay kaşığı acı biber
- ¼ fincan şeritli badem, kızarmış

Talimatlar:

Geniş bir tavada ¼ fincan zeytinyağını ısıtın. Soğanı koyun ve 4 dakika pişirin. Sarımsak ve zencefili soteleyin.

Su, ¾ çay kaşığı tuz ve zerdeçalı karıştırın. Karışımı kaynatın. Pirinci koyun ve karışımı tekrar kaynatın. Et suyunu tadın ve gerekirse daha fazla tuz ekleyin. Isıyı düşük olarak seçin ve 15 dakika pişirin. Isıyı kapatın. Pirinci brülörde üstü kapalı olarak 10 dakika dinlendirin. Bu arada, orta-düşük ateşte orta sote tavada veya tavada kalan ¼ fincan zeytinyağını ısıtın. Bezelye ve havuçları karıştırın. 5 dakika pişirin.

Kızılcık ve portakal kabuğu rendesini karıştırın. Kalan tuzu ve kırmızı biberi serpin. 1 ila 2 dakika pişirin. Pilavı servis tabağına kaşıkla alın. Bezelye ve havuçları üstüne koyun ve kavrulmuş bademleri serpin.

Beslenme (100g için): 460 kalori 19 gr yağ 65 gr karbonhidrat 4 gr protein 810 mg sodyum

kuşkonmazlı risotto

Hazırlama Süresi : 15 dakika

Pişirme süresi: 30 dakika

Porsiyon : 4

Zorluk Derecesi : Zor

İçindekiler:

- 5 bardak sebze suyu, bölünmüş
- 3 yemek kaşığı tuzsuz tereyağı, bölünmüş
- 1 yemek kaşığı zeytinyağı
- 1 küçük soğan, doğranmış
- 1½ bardak Arborio pirinci
- 1 kiloluk taze kuşkonmaz, uçları kesilmiş, 1 inçlik parçalar halinde kesilmiş, uçları ayrılmış
- ¼ fincan taze rendelenmiş Parmesan peyniri

Talimatlar:

Sebze suyunu orta ateşte kaynatın. Isıyı düşük seviyeye ayarlayın ve kaynatın. 2 yemek kaşığı tereyağını zeytinyağı ile karıştırın. Soğanı ilave edin ve 2 ila 3 dakika pişirin.

Pirinci koyun ve tereyağ ve sıvı yağ ile taneler iyice kaplanana kadar 1 dakika pişirirken tahta kaşıkla karıştırın.

½ su bardağı ılık et suyunu karıştırın. Pişirin ve et suyu tamamen emilene kadar karıştırmaya devam edin. Kuşkonmaz saplarını ve ½ su bardağı et suyunu ekleyin. Pişirin ve ara sıra karıştırın Et suyunu ½ su bardağı azar azar eklemeye devam edin ve sonraki ½ bardağı ilave ettikten sonra tamamen emilene kadar pişirmeye devam edin. Yapışmayı önlemek için sık sık karıştırın. Pirinç pişirilmeli ama yine de sert olmalıdır.

Kuşkonmaz uçlarını, kalan 1 yemek kaşığı tereyağını ve Parmesan peynirini ekleyin. Birleştirmek için kuvvetlice karıştırın. Ateşten alın, istenirse üzerine ilave Parmesan peyniri ekleyin ve hemen servis yapın.

Beslenme (100g için): 434 kalori 14 gr yağ 67 gr karbonhidrat 6 gr protein 517 mg sodyum

Kinoa Pizza Muffinleri

Hazırlama Süresi : 15 dakika

Pişirme süresi: 30 dakika

Porsiyon : 4

Zorluk Derecesi : Kolay

İçindekiler:

- 1 su bardağı pişmemiş kinoa
- 2 büyük yumurta
- ½ orta boy soğan, doğranmış
- 1 su bardağı doğranmış dolmalık biber
- 1 su bardağı rendelenmiş mozzarella peyniri
- 1 yemek kaşığı kuru fesleğen
- 1 yemek kaşığı kurutulmuş kekik
- 2 çay kaşığı sarımsak tozu
- 1/8 çay kaşığı tuz
- 1 tatlı kaşığı öğütülmüş kırmızı biber
- ½ su bardağı közlenmiş kırmızı biber, doğranmış*
- Pizza Sosu, yaklaşık 1-2 su bardağı

Talimatlar:

Fırını 350oF'ye ısıtın. Quinoa'yı talimatlara göre pişirin. Tüm malzemeleri (sos hariç) bir kapta birleştirin. Tüm malzemeleri iyice karıştırın.

Kinoa pizza karışımını muffin kalıbına eşit şekilde paylaştırın. 12 muffin yapar. Muffinlerin rengi altın rengine dönene ve kenarları çıtır çıtır olana kadar 30 dakika pişirin.

Üzerine 1 veya 2 yemek kaşığı pizza sosu ekleyin ve keyfini çıkarın!

Beslenme (100g için): 303 Kalori 6.1g Yağ 41.3g Karbonhidratlar 21g Protein 694mg Sodyum

Biberiye-Cevizli Ekmek

Hazırlama Süresi : 5 dakika

Pişirme süresi: 45 dakika

Porsiyon : 8

Zorluk Derecesi : Zor

İçindekiler:

- ½ su bardağı kıyılmış ceviz
- 4 yemek kaşığı taze, doğranmış biberiye
- 1 1/3 su bardağı ılık karbonatlı su
- 1 yemek kaşığı bal
- ½ su bardağı sızma zeytinyağı
- 1 tatlı kaşığı elma sirkesi
- 3 yumurta
- 5 çay kaşığı instant kuru granül maya
- 1 çay kaşığı tuz
- 1 yemek kaşığı ksantan sakızı
- ¼ fincan ayran tozu
- 1 su bardağı beyaz pirinç unu
- 1 su bardağı tapyoka nişastası
- 1 su bardağı ararot nişastası
- 1 ¼ bardak çok amaçlı Bob's Red Mill glütensiz un karışımı

Talimatlar:

Büyük bir karıştırma kabında yumurtaları iyice çırpın. 1 su bardağı ılık su, bal, zeytinyağı ve sirkeyi ekleyin.

Sürekli çırparken biberiye ve ceviz hariç diğer malzemeleri ekleyin.

Dayak atmaya devam et. Hamur çok sertse, biraz ılık su karıştırın. Hamur, tüylü ve kalın olmalıdır.

Daha sonra biberiyeyi ve cevizleri ekleyip homojen bir şekilde dağılana kadar yoğurmaya devam edin.

Hamurun kasesini temiz bir havluyla örtün, ılık bir yere koyun ve 30 dakika kabarmaya bırakın.

Yükselme süresine on beş dakika kala, fırını 400oF'ye ısıtın.

2 litrelik bir Hollanda fırınını zeytinyağı ile cömertçe yağlayın ve fırının içini kapaksız olarak önceden ısıtın.

Hamurun kabarması bittiğinde, tencereyi fırından çıkarın ve hamuru içine yerleştirin. Islak bir spatula ile hamurun üstünü tencereye eşit şekilde yayın.

Ekmeğin üstlerini 2 yemek kaşığı zeytinyağı ile fırçalayın, Hollanda fırınını kapatın ve 35 ila 45 dakika pişirin. Ekmek piştikten sonra fırından çıkarın. Ve ekmeği yavaşça tencereden çıkarın. Dilimlemeden önce ekmeğin en az on dakika soğumasını bekleyin. Servis yapın ve tadını çıkarın.

Beslenme (100g için): 424 Kalori 19g Yağ 56.8g Karbonhidratlar 7g Protein 844mg Sodyum

Lezzetli Yengeç Panini

Hazırlama Süresi : 5 dakika

Pişirme süresi: 10 dakika

Porsiyon : 4

Zorluk Derecesi : Kolay

İçindekiler:

- 1 yemek kaşığı zeytinyağı
- Çapraz olarak bölünmüş ve dilimlenmiş Fransız ekmeği
- 1 pound karides yengeci
- ½ fincan kereviz
- ¼ fincan kıyılmış yeşil soğan
- 1 çay kaşığı Worcestershire sosu
- 1 çay kaşığı limon suyu
- 1 yemek kaşığı Dijon hardalı
- ½ su bardağı hafif mayonez

Talimatlar:

Orta boy bir kapta şunları iyice karıştırın: kereviz, soğan, Worcestershire, limon suyu, hardal ve mayonez. Biber ve tuzla tatlandırın. Ardından bademleri ve yengeçleri yavaşça ekleyin.

Ekmeğin dilimlenmiş kenarlarına zeytinyağı sürün ve başka bir ekmek dilimi ile kapatmadan önce yengeç karışımını sürün.

Ekmek çıtır çıtır ve çıkıntılı olana kadar sandviçi bir Panini presinde ızgara yapın.

Beslenme (100g için): 248 Kalori 10.9g Yağ 12g Karbonhidratlar 24.5g Protein 845mg Sodyum

Mükemmel Pizza ve Pasta

Hazırlama Süresi : 35 dakika

Pişirme süresi: 15 dakika

Porsiyon : 10

Zorluk Derecesi : Zor

İçindekiler:

- <u>Pizza Hamuru için:</u>
- 2 çay kaşığı bal
- 1/4-oz. aktif kuru maya
- 11/4 bardak ılık su (yaklaşık 120 °F)
- 2 yemek kaşığı zeytinyağı
- 1 çay kaşığı deniz tuzu
- 3 su bardağı tam tahıllı un + 1/4 su bardağı, haddeleme için gerektiği kadar
- <u>Pizzanın Üzeri İçin:</u>
- 1 su bardağı pesto sos
- 1 su bardağı enginar kalbi
- 1 su bardağı solmuş ıspanak yaprağı
- 1 su bardağı güneşte kurutulmuş domates
- 1/2 su bardağı kalamata zeytin
- 115 gram. Beyaz peynir
- 115 gram. eşit miktarda az yağlı mozzarella, asiago ve provolondan oluşan karışık peynir Zeytinyağı

- **İsteğe Bağlı Ek Bileşenler:**
- dolmalık biber
- Tavuk göğsü, şeritler Taze fesleğen
- Çam fıstığı

Talimatlar:

Pizza Hamuru için:

Fırınınızı 350 ° F'ye önceden ısıtın.

Bal ve mayayı hamur aparatlı mutfak robotunuzda ılık su ile karıştırın. Karışım tamamen birleşene kadar karıştırın. Karışımı 5 dakika dinlendirerek mayanın yüzeyde baloncuklar oluşturarak aktifleşmesini sağlayın.

Zeytinyağını dökün. Tuz ekleyin ve yarım dakika karıştırın. Yavaş yavaş 3 su bardağı unu her seferinde yaklaşık yarım su bardağı olacak şekilde ekleyin ve her ekleme arasında birkaç dakika karıştırın.

Pürüzsüz ve elastik olana kadar robotunuzun karışımı 10 dakika yoğurmasına izin verin ve hamurun işlemci kasesinin yüzeylerine yapışmasını önlemek için gerektiğinde üzerine un serpin.

Hamuru kaseden alın. Nemli, ılık bir havluyla örtülü olarak 15 dakika bekletin.

Hamuru yarım inç kalınlığında açın, gerekirse un serpin. Hamurun kabarmasını önlemek için çatalla gelişigüzel delikler açın.

Delikli, rulo hamuru bir pizza taşı veya fırın tepsisine yerleştirin. 5 dakika pişirin.

Pizzanın Üzeri İçin:

Pişmiş pizza kabuğunu hafifçe zeytinyağı ile fırçalayın.

Pesto sosu üzerine dökün ve pizza kabuğunun yüzeyine iyice yayın, kenarlarında kabuk olarak yarım inçlik bir boşluk bırakın.

Pizzayı enginar göbeği, solmuş ıspanak yaprakları, güneşte kurutulmuş domates ve zeytinle süsleyin. (İsteğe göre daha fazla ekleme yapın.) Üstünü peynirle kaplayın.

Pizzayı doğrudan fırın rafına koyun. Peynir köpürene ve merkezden sonuna kadar eriyene kadar 10 dakika pişirin. Dilimlemeden önce pizzayı 5 dakika soğumaya bırakın.

Beslenme (100g için): 242.8 Kalori 15.1g Yağlar 15.7g Karbonhidratlar 14.1g Protein 942mg Sodyum

Margherita Akdeniz Modeli

Hazırlama Süresi : 15 dakika

Pişirme süresi: 15 dakika

Porsiyon : 10

Zorluk Derecesi : Zor

İçindekiler:

- 1 parça pizza kabuğu
- 2 yemek kaşığı zeytinyağı
- 1/2 su bardağı ezilmiş domates
- 3-1/4-inç kalınlığında dilimlenmiş Roma domatesleri
- 1/2 su bardağı taze fesleğen yaprağı, ince dilimlenmiş
- 6 oz. blok mozzarella, 1/4-inç dilimler halinde kesin, kağıt havluyla kurulayın
- 1/2 çay kaşığı deniz tuzu

Talimatlar:

Fırınınızı 450 ° F'ye önceden ısıtın.

Pizza kabuğunu hafifçe zeytinyağı ile fırçalayın. Ezilmiş domatesleri pizza kabuğunun üzerine iyice yayın ve kenarlarında kabuk olarak yarım inçlik bir boşluk bırakın.

Pizzayı Roma domates dilimleri, fesleğen yaprakları ve mozzarella dilimleri ile süsleyin. Pizzanın üzerine tuz serpin.

Pizzayı doğrudan fırın rafına aktarın. Peynir merkezden kabuğa eriyene kadar pişirin. Dilimlemeden önce kenara koyun.

Beslenme (100g için): 251 Kalori 8g Yağlar 34g Karbonhidratlar 9g Protein 844mg Sodyum

Taşınabilir Paketlenmiş Piknik Parçaları

Hazırlama Süresi : 5 dakika

Pişirme süresi: 0 dakika

Porsiyon : 1

Zorluk Derecesi : Kolay

İçindekiler:

- 1 dilim tam buğday ekmeği, lokma büyüklüğünde parçalar halinde kesilmiş
- 10 adet çeri domates
- 1/4-oz. yıllanmış peynir, dilimlenmiş
- 6 adet yağda kurutulmuş zeytin

Talimatlar:

Hareket halindeyken atıştırırken size hizmet etmesi için malzemelerin her birini taşınabilir bir kapta paketleyin.

Beslenme (100g için): 197 Kalori 9g Yağlar 22g Karbonhidratlar 7g Protein 499mg Sodyum

Lezzetli Kabak ve Domates Sosları ile Dolgulu Frittata

Hazırlama Süresi : 10 dakika

Pişirme süresi: 15 dakika

Porsiyon : 4

Zorluk Derecesi : Kolay

İçindekiler:

- 8 adet yumurta
- 1/4 çay kaşığı kırmızı biber, ezilmiş
- 1/4 çay kaşığı tuz
- 1 yemek kaşığı zeytinyağı
- 1 adet küçük kabak, uzunlamasına ince dilimlenmiş
- 1/2 su bardağı kırmızı veya sarı çeri domates, ikiye bölünmüş
- 1/3 - fincan ceviz, kaba kıyılmış
- 2 oz. ısırık büyüklüğünde taze mozzarella topları (bocconcini)

Talimatlar:

Piliçinizi önceden ısıtın. Bu sırada orta boy bir kapta yumurtaları, toz kırmızıbiberi ve tuzu çırpın. Kenara koyun.

Orta-yüksek ısıya yerleştirilmiş 10 inçlik piliç geçirmez bir tavada zeytinyağını ısıtın. Kabak dilimlerini tavanın dibine eşit bir tabaka halinde yerleştirin. 3 dakika pişirin, yarısında bir kez çevirin.

Kabak tabakasını çeri domateslerle kaplayın. Yumurta karışımını tavadaki sebzelerin üzerine doldurun. Ceviz ve mozzarella topları ile süsleyin.

Orta ısıya geçin. Kenarlar sertleşmeye başlayana kadar pişirin. Spatula kullanarak, yumurtalı karışımın pişmemiş kısımlarının altına akması için frittatayı kaldırın.

Tavayı piliç üzerine yerleştirin. Frittata'yı 4 inç ateşten 5 dakika boyunca üst ayarlanana kadar kavurun. Hizmet etmek için frittatayı dilimler halinde kesin.

Beslenme (100g için): 284 Kalori 14g Yağlar 4g Karbonhidratlar 17g Protein 788mg Sodyum

Muz Ekşi Krema Ekmek

Hazırlama Süresi : 10 dakika

Pişirme süresi: 1 saat 10 dakika

Porsiyon : 32

Zorluk Derecesi : Ortalama

İçindekiler:

- Beyaz şeker (0,25 su bardağı)
- Tarçın (1 tatlı kaşığı+ 2 tatlı kaşığı)
- Tereyağı (.75)
- Beyaz şeker (3 su bardağı)
- Yumurtalar (3)
- Çok olgun muzlar, ezilmiş (6)
- Ekşi krema (16 oz. kap)
- Vanilya özü (2 çay kaşığı)
- Tuz (.5 çay kaşığı)
- Kabartma tozu (3 çay kaşığı)
- Çok amaçlı un (4,5 su bardağı)
- İsteğe bağlı: Kıyılmış ceviz (1 su bardağı)
- Ayrıca Gerekli: 4 - 7 x 3 inç somun tavaları

Talimatlar:

Fırını 300 ° Fahrenheit'e ayarlayın. Ekmek tavalarını yağlayın.

Şekeri ve bir çay kaşığı tarçını eleyin. Tavayı karışımla tozlayın.

Tereyağını şekerin geri kalanıyla krema haline getirin. Muzları yumurta, tarçın, vanilya, ekşi krema, tuz, kabartma tozu ve un ile ezin. En son fındıkları atın.

Karışımı kaplara boşaltın. Bir saat pişirin. Sert

Beslenme (100g için): 263 Kalori 10.4g Yağ 9g Karbonhidratlar 3.7g Protein 633mg Sodyum

ev yapımı pide ekmeği

Hazırlama Süresi : 15 dakika

Pişirme süresi: 5 saat (yükselen zamanlar dahil)

Porsiyon : 7

Zorluk Derecesi : Zor

İçindekiler:

- Kuru maya (.25 oz.)
- Şeker (.5 çay kaşığı)
- Ekmek unu / çok amaçlı ve tam buğday karışımı (2,5 su bardağı + üzerine serpmek için daha fazla)
- Tuz (.5 çay kaşığı)
- Su (0,25 su bardağı veya gerektiği kadar)
- Gerektiği kadar yağ

Talimatlar:

Küçük bir karıştırma kabında maya ve şekeri ¼ su bardağı ılık suda eritin. 15 dakika kadar bekleyin (köpüklendiğinde hazır).

Başka bir kapta un ve tuzu eleyin. Ortasını açın ve maya karışımını (+) bir bardak su ekleyin. Hamuru yoğur.

Hafifçe unlanmış bir yüzeye alın ve yoğurun.

Büyük bir kasenin dibine bir damla yağ koyun ve yüzeyi kaplamak için hamuru içinde yuvarlayın.

Hamur kabının üzerine nemlendirilmiş bir kurulama bezi yerleştirin. Kâseyi nemli bir bezle sarın ve en az iki saat veya gece boyunca ılık bir yere koyun. (Hamur iki katına çıkacaktır).

Hamuru yumruklayın ve ekmeği yoğurun ve küçük toplara bölün. Topları kalın oval diskler halinde düzleştirin.

Bir mutfak bezini unla tozlayın ve oval diskleri aralarında genişleyecek kadar boşluk bırakarak üstüne yerleştirin. Üzerine un serpin ve üzerine başka bir temiz bez koyun. Bir ila iki saat daha yükselmesine izin verin.

Fırını 425 ° Fahrenheit'e ayarlayın. Kısaca ısıtmak için birkaç fırın tepsisini fırına yerleştirin. Isıtılmış fırın tepsilerini hafifçe yağlayın ve oval ekmek disklerini üzerlerine yerleştirin.

Ovalleri hafifçe suyla serpin ve hafifçe kızarana kadar veya altı ila sekiz dakika pişirin.

Sıcakken servis yapın. Gözleme ekmeğini bir tel rafın üzerine yerleştirin ve daha sonra yumuşak kalması için temiz, kuru bir beze sarın.

Beslenme (100g için): 210 Kalori 4g Yağ 6g Karbonhidratlar 6g Protein 881mg Sodyum

Gözleme Sandviçleri

Hazırlama Süresi : 10 dakika

Pişirme süresi: 20 dakika

Porsiyon : 6

Zorluk Derecesi : Kolay

İçindekiler:

- Zeytinyağı (1 yemek kaşığı)
- 7-Tahıllı pilav (8,5 oz. pkg.)
- İngiliz çekirdeksiz salatalık (1 su bardağı)
- Çekirdekli domates (1 su bardağı)
- Ufalanmış beyaz peynir (0,25 su bardağı)
- Taze limon suyu (2 yemek kaşığı)
- Taze çekilmiş karabiber (.25 çay kaşığı)
- Sade humus (7 oz. kap)
- Tam tahıllı beyaz gözleme dürümleri (her biri 3 @ 2,8 ons)

Talimatlar:

Pilavı paketin üzerindeki tarife göre pişirin ve soğutun.

Domates, salatalık, peynir, yağ, biber ve limon suyunu doğrayın ve karıştırın. Pilavı katlayın.

Bir tarafına humus gelecek şekilde dürümleri hazırlayın. Pilavı içine koyun ve katlayın.

Bir sandviçe dilimleyin ve servis yapın.

Beslenme (100g için): 310 Kalori 9g Yağ 8g Karbonhidratlar 10g Protein 745mg Sodyum

Kızarmış Zaatar Pide Ekmeği ile Mezze Tabağı

Hazırlama Süresi : 10 dakika
Pişirme süresi: 10 dakika
Porsiyon : 4
Zorluk Derecesi : Ortalama

İçindekiler:

- Tam buğdaylı pide turları (4)
- Zeytinyağı (4 yemek kaşığı)
- Zaatar (4 çay kaşığı)
- Yunan yoğurdu (1 su bardağı)
- Karabiber ve Kosher tuzu (zevkinize göre)
- Humus (1 su bardağı)
- Marine edilmiş enginar kalbi (1 su bardağı)
- Karışık zeytin (2 su bardağı)
- Dilimlenmiş közlenmiş kırmızı biber (1 su bardağı)
- Çeri domates (2 su bardağı)
- Salam (4 oz.)

Talimatlar:

Büyük bir tavayı ısıtmak için orta-yüksek ısı ayarını kullanın.

Pide ekmeğinin her tarafını sıvı yağ ile hafifçe yağlayın ve çeşni için zaatar ekleyin.

Pideyi bir tavaya ekleyerek ve kızarana kadar kızartarak partiler halinde hazırlayın. Her iki tarafta yaklaşık iki dakika sürmelidir. Her pideyi dörde bölün.

Yoğurdu biber ve tuzla tatlandırın.

Toplamak için patatesleri ikiye bölün ve humus, yoğurt, enginar göbeği, zeytin, kırmızı biber, domates ve salamı ekleyin.

Beslenme (100g için): 731 Kalori 48g Yağ 10g Karbonhidratlar 26g Protein 632mg Sodyum

Mini Tavuk Döner

Hazırlama Süresi : 10 dakika

Pişirme süresi: 1 saat 15 dakika

Porsiyon : 8

Zorluk Derecesi : Kolay

İçindekiler:

- Tavuk:
- Tavuk ihaleleri (1 lb.)
- Zeytinyağı (.25 su bardağı)
- Limon kabuğu rendesi ve suyu (1)
- Kimyon (1 çay kaşığı)
- Sarımsak tozu (2 çay kaşığı)
- Füme kırmızı biber (.5 çay kaşığı)
- Kişniş (.75 çay kaşığı)
- Taze çekilmiş karabiber (1 çay kaşığı)
- Sos:
- Yunan yoğurdu (1,25 su bardağı)
- Limon suyu (1 yemek kaşığı)
- Rendelenmiş diş sarımsak (1)
- Taze kıyılmış dereotu (2 yemek kaşığı.)
- Karabiber (.125 çay kaşığı/tadına göre)
- Kosher tuzu (isteğe göre)
- Kıyılmış taze maydanoz (0,25 su bardağı)
- Kırmızı soğan (1'in yarısı)

- Romaine marul (4 yaprak)
- İngiliz salatalık (1'in yarısı)
- Domates (2)
- Mini pide ekmeği (16)

Talimatlar:

Tavuğu fermuarlı tip bir torbaya atın. Tavuk parçalarını çırpın ve bir saat kadar marine etmek için torbaya ekleyin.

Bir karıştırma kabında suyu, sarımsağı ve yoğurdu karıştırarak sosu hazırlayın. Dereotu, maydanoz, karabiber ve tuzu ekleyip karıştırın. Buzdolabına yerleştirin.

Orta sıcaklık ısı ayarını kullanarak bir tavayı ısıtın. Tavuğu turşudan aktarın (fazla damlamasına izin verin).

İyice pişene kadar veya her bir tarafta yaklaşık dört dakika pişirin. Isırık büyüklüğünde şeritler halinde doğrayın.

Salatalık ve soğanı ince ince dilimleyin. Marulu rendeleyin ve domatesleri doğrayın. Toplayın ve pidelere ekleyin - tavuk, marul, soğan, domates ve salatalık.

Beslenme (100g için): 216 Kalori 16g Yağ 9g Karbonhidratlar 9g Protein 745mg Sodyum

patlıcanlı pizza

Hazırlama Süresi : 10 dakika
Pişirme süresi: 30 dakika
Porsiyon : 6
Zorluk Derecesi : Ortalama

İçindekiler:

- Patlıcan (1 büyük veya 2 orta boy)
- Zeytinyağı (0,33 su bardağı)
- Karabiber ve tuz (isteğe göre)
- Marinara sosu - mağazadan satın alınmış/ev yapımı (1,25 su bardağı)
- Rendelenmiş mozzarella peyniri (1,5 su bardağı)
- Kiraz domates (2 su bardağı - ikiye bölünmüş)
- Yırtık fesleğen yaprağı (0,5 su bardağı)

Talimatlar:

400 ° Fahrenheit'e ulaşmak için fırını ısıtın. Fırın tepsisini bir kat parşömen pişirme kağıdı ile hazırlayın.

Patlıcanın ucunu / uçlarını dilimleyin ve ¾ inçlik dilimler halinde kesin. Hazırlanan kağıda dilimleri düzenleyin ve her iki tarafını zeytinyağı ile fırçalayın. İsteğinize göre biber ve tuz serpin.

Patlıcan yumuşayana kadar (10 ila 12 dakika) kızartın.

Tepsiyi ocaktan alın ve her bir parçanın üzerine iki yemek kaşığı sostan ekleyin. Üstüne mozzarella ve üç ila beş domates parçası ekleyin.

Peynir eriyene kadar pişirin. Domatesler yaklaşık beş ila yedi dakika içinde kabarmaya başlamalıdır.

Tepsiyi ocaktan alın. Fesleğeni servis edin ve süsleyin.

Beslenme (100g için): 257 Kalori 20g Yağ 11g Karbonhidratlar 8g Protein 789mg Sodyum

Akdeniz Kepekli Pizza

Hazırlama Süresi : 10 dakika

Pişirme süresi: 25 dakika

Porsiyon : 4

Zorluk Derecesi : Kolay

İçindekiler:

- Tam buğdaylı pizza kabuğu (1)
- Fesleğenli pesto (4 oz. kavanoz)
- Enginar kalbi (.5 su bardağı)
- Kalamata zeytinleri (2 yemek kaşığı)
- Pepperoncini (2 yemek kaşığı. süzülmüş)
- Beyaz peynir (0,25 su bardağı)

Talimatlar:

Fırını 450° Fahrenheit'e programlayın.

Enginarları süzün ve parçalara ayırın. Pepperoncini ve zeytinleri dilimleyin/doğrayın.

Pizza kabuğunu unlanmış bir çalışma yüzeyine yerleştirin ve üzerini pesto sos ile kaplayın. Enginarı, pepperoncini dilimlerini ve zeytinleri pizzanın üzerine dizin. Son olarak, ufalayın ve beyaz peynir ekleyin.

10-12 dakika pişirin. Sert.

Beslenme (100g için): 277 Kalori 18.6g Yağ 8g Karbonhidratlar 9.7g Protein 841mg Sodyum

Ispanaklı & Beyaz Pide Fırında

Hazırlama Süresi : 5 dakika

Pişirme süresi: 22 dakika

Porsiyon : 6

Zorluk Derecesi : Zor

İçindekiler:

- Güneşte kurutulmuş domates pesto (6 oz. küvet)
- Roma - erik domates (2 doğranmış)
- Tam buğdaylı pide ekmeği (Altı 6 inç)
- Ispanak (1 demet)
- Mantar (4 dilimlenmiş)
- Rendelenmiş parmesan peyniri (2 yemek kaşığı)
- Ufalanmış beyaz peynir (0,5 su bardağı)
- Zeytinyağı (3 yemek kaşığı)
- Karabiber (isteğe göre)

Talimatlar:

Fırını 350 ° Fahrenheit'e ayarlayın.

Pestoyu her bir pide ekmeğinin bir tarafına sürün ve bir fırın tepsisine (pesto tarafı yukarı bakacak şekilde) yerleştirin.

Ispanağı yıkayıp doğrayın. Pitaları ıspanak, mantar, domates, beyaz peynir, biber, Parmesan peyniri, biber ve bir çiseleyen yağ ile doldurun.

Sıcak fırında pideler çıtır çıtır olana kadar (12 dk.) pişirin. Pideleri dörde bölün.

Beslenme (100g için): 350 Kalori 17.1g Yağ 9g Karbonhidratlar 11.6g Protein 712mg Sodyum

Karpuz Feta ve Balzamik Pizza

Hazırlama Süresi : 10 dakika

Pişirme süresi: 15 dakika

Porsiyon : 4

Zorluk Derecesi : Kolay

İçindekiler:

- Karpuz (merkezden 1 inç kalınlığında)
- Ufalanmış beyaz peynir (1 oz.)
- Dilimlenmiş Kalamata zeytinleri (5-6)
- Nane yaprakları (1 çay kaşığı)
- Balzamik sır (.5 yemek kaşığı)

Talimatlar:

Karpuzun en geniş yerini ortadan ikiye bölün. Ardından, her bir yarısını dört takoz halinde dilimleyin.

Pizza yuvarlak gibi yuvarlak bir turta tabağında servis yapın ve zeytin, peynir, nane yaprakları ve sır ile kaplayın.

Beslenme (100g için): 90 Kalori 3g Yağ 4g Karbonhidratlar 2g Protein 761mg Sodyum

Karışık Baharatlı Burgerler

Hazırlama Süresi : 10 dakika

Pişirme süresi: 30 dakika

Porsiyon : 6

Zorluk Derecesi : Ortalama

İçindekiler:

- orta boy soğan (1)
- taze maydanoz (3 yemek kaşığı)
- diş sarımsak (1)
- Öğütülmüş yenibahar (.75 çay kaşığı)
- Biber (.75 çay kaşığı)
- Öğütülmüş hindistan cevizi (.25 çay kaşığı)
- Tarçın (.5 çay kaşığı)
- Tuz (.5 çay kaşığı)
- taze nane (2 yemek kaşığı)
- %90 yağsız kıyma (1,5 lb.)
- İsteğe bağlı: Soğuk Tzatziki sosu

Talimatlar:

Maydanoz, nane, sarımsak ve soğanı ince ince kıyın/kıyın.

Küçük hindistan cevizi, tuz, tarçın, biber, yenibahar, sarımsak, nane, maydanoz ve soğanı çırpın.

Sığır eti ekleyin ve altı (6) adet 2x4 inçlik dikdörtgen köfte hazırlayın.

Köfteleri ızgara yapmak için orta sıcaklık ayarını kullanın veya her bir tarafını 6 dakika boyunca ısıdan 4 inç uzakta kızartın.

İşleri bittiğinde, et termometresi 160° Fahrenheit kaydedecektir. İstenirse sos ile servis yapın.

Beslenme (100g için): 231 Kalori 9g Yağ 10g Karbonhidratlar 32g Protein 811mg Sodyum

Prosciutto - Marul - Domates ve Avokado Sandviçleri

Hazırlama Süresi : 10 dakika
Pişirme süresi: 10 dakika
Porsiyon : 4
Zorluk Derecesi : Kolay

İçindekiler:

- Prosciutto (2 oz./8 ince dilim)
- Olgun avokado (1 adet ikiye bölünmüş)
- Romaine marul (4 tam yaprak)
- Büyük olgun domates (1)
- Tam tahıllı veya tam buğday ekmek dilimleri (8)
- Karabiber ve koşer tuzu (.25 çay kaşığı)

Talimatlar:

Marul yapraklarını sekiz parçaya (toplam) ayırın. Domatesi sekiz halkaya dilimleyin. Ekmeği kızartın ve bir tabağa koyun.

Avokadonun içini kabuğundan sıyırın ve bir karıştırma kabına alın. Biber ve tuz kullanarak hafifçe tozlayın. Avokadoyu kremsi olana kadar çırpın veya hafifçe ezin. Ekmeğin üzerine yayın.

Bir sandviç yap. Bir dilim avokado tostu alın; üzerine bir marul yaprağı, bir salam dilimi ve bir domates dilimi koyun. Üzerine bir dilim daha marul domates koyun ve devam edin.

Tüm malzemeler bitene kadar işlemi tekrarlayın.

Beslenme (100g için): 240 Kalori 9g Yağ 8g Karbonhidratlar 12g Protein 811mg Sodyum

Ispanaklı Tart

Hazırlama Süresi : 10 dakika

Pişirme süresi: 60 dakika

Porsiyon : 6

Zorluk Derecesi : Ortalama

İçindekiler:

- Eritilmiş tereyağı (.5 su bardağı)
- Dondurulmuş ıspanak (10 oz. pkg.)
- taze maydanoz (.5 su bardağı)
- Yeşil soğan (.5 su bardağı)
- taze dereotu (.5 su bardağı)
- Ufalanmış beyaz peynir (0,5 su bardağı)
- Krem peynir (4 ons)
- Süzme peynir (4 oz.)
- Parmesan (2 yemek kaşığı - rendelenmiş)
- Büyük yumurtalar (2)
- Karabiber ve tuz (arzuya göre)
- Yufka yufkası (40 yaprak)

Talimatlar:

Fırın ayarını 350 ° Fahrenheit'te ısıtın.

Soğan, dereotu ve maydanozu kıyın/doğrayın. Ispanağı ve hamur yapraklarını çözün. Ispanağı sıkarak kurutun.

Ispanak, yeşil soğan, yumurta, peynir, maydanoz, dereotu, biber ve tuzu krema kıvamına gelene kadar bir karıştırıcıda karıştırın.

Küçük yufkaların içini ıspanaklı karışımdan bir çay kaşığı ile doldurarak hazırlayın.

Üçgenlerin dış kısımlarını hafifçe tereyağ ile yağlayın ve yağlanmamış bir fırın tepsisine dikiş yerleri aşağı bakacak şekilde düzenleyin.

Onları altın rengi kahverengi olana ve kabarana kadar (20-25 dakika) pişirmek için ısıtılmış fırına koyun. Sıcak servis yapın.

Beslenme (100g için): 555 Kalori 21.3g Yağ 15g Karbonhidratlar 18.1g Protein 681mg Sodyum

Beyaz Tavuk Burger

Hazırlama Süresi : 10 dakika

Pişirme süresi: 30 dakika

Porsiyon : 6

Zorluk Derecesi : Ortalama

İçindekiler:

- ¼ fincan Yağı azaltılmış mayonez
- ¼ bardak İnce kıyılmış salatalık
- ¼ çay kaşığı Karabiber
- 1 çay kaşığı Sarımsak tozu
- ½ su bardağı doğranmış kavrulmuş tatlı kırmızı biber
- ½ çay kaşığı Yunan baharatı
- 1,5 lb. Yağsız öğütülmüş tavuk
- 1 su bardağı ufalanmış beyaz peynir
- 6 tam buğday burger ekmeği

Talimatlar:

Broyleri fırına önceden ısıtın. Mayonez ve salatalığı karıştırın. Kenara koyun.

Burgerler için baharatların her birini ve kırmızı biberi birleştirin. Tavukları ve peyniri iyice karıştırın. Karışımı 6 ½ inç kalınlığında köfteler haline getirin.

Burgerleri bir piliçte pişirin ve ısı kaynağından yaklaşık dört inç uzağa yerleştirin. Termometre 165° Fahrenheit'e ulaşana kadar pişirin.

Çörekler ve salatalık sosu ile servis yapın. Arzuya göre domates ve marulla süsleyip servis yapın.

Beslenme (100g için): 356 Kalori 14g Yağ 10g Karbonhidratlar 31g Protein 691mg Sodyum

Tacos için Domuz Kızartma

Hazırlama Süresi : 10 dakika

Pişirme süresi: 1 saat 15 dakika

Porsiyon : 6

Zorluk Derecesi : Ortalama

İçindekiler:

- Domuz omzu kızartma (4 lb.)
- Doğranmış yeşil biber (2 - 4 oz. kutu)
- Biber tozu (.25 su bardağı)
- Kurutulmuş kekik (1 çay kaşığı)
- Taco baharatı (1 çay kaşığı)
- Sarımsak (2 çay kaşığı)
- Tuz (1,5 çay kaşığı veya isteğe göre)

Talimatlar:

Fırını 300 ° Fahrenheit'e ulaşacak şekilde ayarlayın.

Kızartmayı büyük bir alüminyum folyo tabakasının üzerine yerleştirin.

Biberleri boşaltın. Sarımsağı ezin.

Yeşil biber, taco çeşnisi, kırmızı biber tozu, kekik ve sarımsağı karıştırın. Karışımı kızartmanın üzerine sürün ve bir folyo tabakası kullanarak örtün.

Herhangi bir sızıntıyı önlemek için sarılı domuz etini bir çerez kağıdındaki bir kızartma rafının üzerine yerleştirin.

Sıcak fırında 3,5-4 saat dağılana kadar kavurun. Bir et termometresi (dahili sıcaklık) ile test edildiğinde merkez en az 145° Fahrenheit'e ulaşana kadar pişirin.

Kızartmayı iki çatal kullanarak küçük parçalara ayırmak için bir doğrama bloğuna aktarın. İstediğiniz gibi baharatlayın.

Beslenme (100g için): 290 Kalori 17.6g Yağ 12g Karbonhidratlar 25.3g Protein 471mg Sodyum

İtalyan Elma - Zeytinyağlı Kek

Hazırlama Süresi : 10 dakika

Pişirme süresi: 1 saat 10 dakika

Porsiyon : 12

Zorluk Derecesi : Ortalama

İçindekiler:

- Gala elmaları (2 büyük)
- Portakal suyu - elmaları ıslatmak için
- Çok amaçlı un (3 su bardağı)
- Öğütülmüş tarçın (.5 çay kaşığı)
- Hindistan cevizi (.5 çay kaşığı)
- Kabartma tozu (1 tatlı kaşığı)
- Kabartma tozu (1 çay kaşığı)
- Şeker (1 su bardağı)
- Zeytinyağı (1 su bardağı)
- Büyük yumurtalar (2)
- Altın kuru üzüm (0,66 su bardağı)
- Pudra şekeri - üzerine serpmek için
- Ayrıca Gerekli: 9 inçlik fırın tepsisi

Talimatlar:

Elmaları soyun ve ince doğrayın. Elmaların kararmasını önlemek için yeteri kadar portakal suyu gezdirin.

Kuru üzümleri 15 dakika ılık suda bekletin ve iyice süzün.

Kabartma tozu, un, kabartma tozu, tarçın ve hindistan cevizini eleyin. Şimdilik kenara koyun.

Zeytinyağını ve şekeri bir stand mikserinin kasesine dökün. Düşük ayarda 2 dakika veya iyice birleşene kadar karıştırın.

Akarken karıştırın, yumurtaları teker teker kırın ve 2 dakika daha karıştırmaya devam edin. Karışımın hacmi artmalıdır; kalın olmalı - akıcı olmamalıdır.

Tüm malzemeleri iyi bir şekilde birleştirin. Unlu karışımın ortasına çukur açıp zeytin ve şeker karışımını ekleyin.

Elmaların fazla suyunu çıkarın ve ıslanan kuru üzümleri süzün. Bunları hamurla birlikte ekleyin, iyice karıştırın.

Fırın tepsisini parşömen kağıdı ile hazırlayın. Hamuru tavaya alın ve tahta bir kaşığın arkasıyla düzeltin.

350 ° Fahrenheit'te 45 dakika pişirin.

Kek hazır olduğunda yağlı kağıttan çıkarın ve servis tabağına alın. Pudra şekeri serpin. Üzerini süslemek için koyu balı ısıtın.

Beslenme (100g için): 294 Kalori 11g Yağ 9g Karbonhidratlar 5.3g Protein 691mg Sodyum

Kırmızı Soğan ve Avokado ile Hızlı Tilapia

Hazırlama Süresi : 10 dakika

Pişirme süresi: 5 dakika

Porsiyon : 4

Zorluk Derecesi : Ortalama

İçindekiler:

- 1 yemek kaşığı sızma zeytinyağı
- 1 yemek kaşığı taze sıkılmış portakal suyu
- ¼ çay kaşığı koşer veya deniz tuzu
- 4 (4 ons) tilapia filetosu, kareden çok dikdörtgen, derisi alınmış veya yüzü alınmış
- ¼ bardak doğranmış kırmızı soğan
- 1 avokado

Talimatlar:

9 inçlik bir cam pasta tabağında yağı, portakal suyunu ve tuzu birleştirin. Fileto üzerinde aynı anda çalışın, her birini turta tabağına yerleştirin ve her tarafını kaplayın. Filetoları vagon tekerleği oluşumunda oluşturun. Her bir filetoyu 1 çorba kaşığı soğanla yerleştirin, ardından filetonun kenardan sarkan ucunu soğanın üzerine ikiye katlayın. Bittiğinde, kat kısmı yemeğin dış kenarına ve uçları ortada olacak şekilde 4 katlanmış fileto elde etmelisiniz.

Kabı plastikle sarın, buharın çıkması için kenarda küçük bir parça açık bırakın. Mikrodalgada yaklaşık 3 dakika yüksekte pişirin. Tamamlandığında, bir çatalla hafifçe bastırıldığında pullara (parçalara) ayrılmalıdır. Filetoları avokado ile süsleyin ve servis yapın.

Beslenme (100g için): 200 Kalori 3g Yağ 4g Karbonhidratlar 22g Protein 811mg Sodyum

Limon üzerinde ızgara balık

Hazırlama Süresi : 10 dakika

Pişirme süresi: 10 dakika

Porsiyon : 4

Zorluk Derecesi : Zor

İçindekiler:

- 4 (4 ons) balık filetosu
- Yapışmaz pişirme spreyi
- 3 ila 4 orta boy limon
- 1 yemek kaşığı sızma zeytinyağı
- ¼ çay kaşığı taze çekilmiş karabiber
- ¼ çay kaşığı koşer veya deniz tuzu

Talimatlar:

Kağıt havlu kullanarak filetoları kurulayın ve 10 dakika oda sıcaklığında bekletin. Bu arada, ızgaranın soğuk pişirme ızgarasını yapışmaz pişirme spreyi ile kaplayın ve ızgarayı 400°F'ye veya orta-yüksek ısıya önceden ısıtın.

Bir limonu ikiye bölün ve yarısını bir kenara koyun. O limonun kalan yarısını ve kalan limonları ¼ inç kalınlığında dilimler halinde dilimleyin. (Yaklaşık 12 ila 16 limon diliminiz olmalıdır.) Küçük bir kaseye, ayrılmış limon yarısından 1 yemek kaşığı suyu sıkın.

Yağı limon suyuyla birlikte kaseye ekleyin ve iyice karıştırın. Balığın her iki tarafını da yağ karışımıyla kaplayın ve eşit şekilde biber ve tuz serpin.

Limon dilimlerini dikkatlice ızgaraya (veya ızgara tavasına) yerleştirin, 3-4 dilimi balık filetosu şeklinde düzenleyin ve kalan dilimlerle tekrarlayın. Balık filetolarını doğrudan limon dilimlerinin üzerine yerleştirin ve kapağı kapalı olarak ızgara yapın. (Soba üstünde ızgara yapıyorsanız, büyük bir tencere kapağı veya alüminyum folyo ile örtün.) Balığı yalnızca filetolar yarım inçten daha kalınsa pişirme süresinin yarısında çevirin. Çatalla hafifçe bastırıldığında pul pul ayrılmaya başladığında pişmiş demektir.

Beslenme (100g için): 147 Kalori 5g Yağ 1g Karbonhidratlar 22g Protein 917mg Sodyum

Hafta İçi Çarşaf Tavada Balık Yemeği

Hazırlama Süresi : 10 dakika

Pişirme süresi: 10 dakika

Porsiyon : 4

Zorluk Derecesi : Ortalama

İçindekiler:

- Yapışmaz pişirme spreyi
- 2 yemek kaşığı sızma zeytinyağı
- 1 yemek kaşığı balzamik sirke
- 4 (4 ons) balık filetosu (½ inç kalınlığında)
- 2½ su bardağı yeşil fasulye
- 1 litre kiraz veya üzüm domates

Talimatlar:

Fırını 400 ° F'ye önceden ısıtın. Yapışmaz pişirme spreyi ile iki büyük, kenarlı fırın tepsisini fırçalayın. Küçük bir kapta, yağ ve sirkeyi birleştirin. Kenara koyun. Her fırın tepsisine iki parça balık koyun.

Büyük bir kapta fasulyeleri ve domatesleri birleştirin. Yağı ve sirkeyi dökün ve kaplamak için hafifçe fırlatın. Fasulye karışımının yarısını bir fırın tepsisindeki balıkların üzerine, kalan yarısını da diğer tepsideki balıkların üzerine dökün. Balığı ters çevirin ve kaplamak için yağ karışımına sürün. Sebzeleri fırın tepsisine eşit şekilde yerleştirin, böylece sıcak hava etraflarında dolaşabilir.

Balık sadece opak olana kadar pişirin. Çatalla hafifçe delindiğinde parçalara ayrılmaya başladığında pişmiş demektir.

Beslenme (100g için): 193 Kalori 8g Yağ 3g Karbonhidratlar 23g Protein 811mg Sodyum

Çıtır Polenta Balık Çubukları

Hazırlama Süresi : 10 dakika

Pişirme süresi: 15 dakika

Porsiyon : 4

Zorluk Derecesi : Zor

İçindekiler:

- 2 büyük yumurta, hafifçe çırpılmış
- 1 yemek kaşığı %2 süt
- 20 (1 inç genişliğinde) şeritler halinde dilimlenmiş 1 kiloluk derili balık filetosu
- ½ su bardağı sarı mısır unu
- ½ su bardağı tam buğdaylı panko ekmek kırıntısı
- ¼ çay kaşığı füme kırmızı biber
- ¼ çay kaşığı koşer veya deniz tuzu
- ¼ çay kaşığı taze çekilmiş karabiber
- Yapışmaz pişirme spreyi

Talimatlar:

Fırına büyük, kenarlı bir fırın tepsisi yerleştirin. Tavayı içerideyken fırını 400 ° F'ye ısıtın. Büyük bir kapta, yumurtaları ve sütü birleştirin. Bir çatal kullanarak, balık şeritlerini yumurta karışımına ekleyin ve kaplamak için hafifçe karıştırın.

Mısır unu, galeta unu, tütsülenmiş kırmızı biber, tuz ve karabiberi dörtte bir fermuarlı plastik torbaya koyun. Bir çatal veya maşa kullanarak balığı torbaya aktarın ve aktarmadan önce fazla yumurta suyunun kaseye damlamasına izin verin. Sıkıca kapatın ve her balık çubuğunu tamamen kaplamak için hafifçe sallayın.

Fırın eldiveni ile sıcak fırın tepsisini fırından dikkatlice çıkarın ve üzerine yapışmaz pişirme spreyi sıkın. Bir çatal veya maşa kullanarak, balık çubuklarını poşetten çıkarın ve sıcak fırın tepsisine aralarında boşluk bırakarak sıcak havanın dolaşmasını ve çıtır çıtır olmasını sağlayın. Çatalla hafifçe bastırarak balığın pul pul dökülmesine neden olana kadar 5 ila 8 dakika pişirin ve servis yapın.

Beslenme (100g için): 256 Kalori 6g Yağ 2g Karbonhidratlar 29g Protein 667mg Sodyum

Somon Tava Akşam Yemeği

Hazırlama Süresi : 15 dakika

Pişirme süresi: 15 dakika

Porsiyon : 4

Zorluk Derecesi : Ortalama

İçindekiler:

- 1 yemek kaşığı sızma zeytinyağı
- 2 diş kıyılmış sarımsak
- 1 çay kaşığı füme kırmızı biber
- 1 litre üzüm veya çeri domates, dörde bölünmüş
- 1 (12 ons) kavanoz kavrulmuş kırmızı biber
- 1 yemek kaşığı su
- ¼ çay kaşığı taze çekilmiş karabiber
- ¼ çay kaşığı koşer veya deniz tuzu
- 1 kiloluk somon filetosu, derisi alınmış, 8 parçaya bölünmüş
- 1 yemek kaşığı taze sıkılmış limon suyu (½ orta boy limondan)

Talimatlar:

Orta ateşte, yağı bir tavada pişirin. Sarımsak ve tütsülenmiş kırmızı biberi karıştırın ve sık sık karıştırarak 1 dakika pişirin. Domates, közlenmiş biber, su, karabiber ve tuzu karıştırın. Isıyı orta-yüksek seviyeye ayarlayın, kaynatın ve 3 dakika pişirin ve pişme süresinin sonuna kadar domatesleri ezin.

Somonu tavaya alın ve üzerine biraz sos gezdirin. Örtün ve 10 ila 12 dakika (bir et termometresi kullanılarak 145°F) pişirin ve pul pul dökülmeye başlar.

Tavayı ocaktan alın ve balığın üzerine limon suyu serpin. Sosu karıştırın, ardından somonu parçalar halinde dilimleyin. Sert.

Beslenme (100g için): 289 Kalori 13g Yağ 2g Karbonhidratlar 31g Protein 581mg Sodyum

Toskana Ton Balığı ve Kabak Burgerleri

Hazırlama Süresi : 10 dakika

Pişirme süresi: 30 dakika

Porsiyon : 4

Zorluk Derecesi : Ortalama

İçindekiler:

- 3 dilim tam buğday sandviç ekmeği, kızarmış
- Zeytinyağında 2 (5 ons) kutu ton balığı
- 1 su bardağı rendelenmiş kabak
- 1 büyük yumurta, hafifçe dövülmüş
- ¼ fincan doğranmış kırmızı dolmalık biber
- 1 yemek kaşığı kurutulmuş kekik
- 1 çay kaşığı limon kabuğu rendesi
- ¼ çay kaşığı taze çekilmiş karabiber
- ¼ çay kaşığı koşer veya deniz tuzu
- 1 yemek kaşığı sızma zeytinyağı
- Servis için salata yeşillikleri veya 4 tam buğday ekmeği (isteğe bağlı)

Talimatlar:

Tostu parmaklarınızı kullanarak (veya ¼ inçlik küpler halinde kesmek için bir bıçak kullanarak) ekmek kırıntılarına ufalayın, 1 bardak gevşekçe paketlenmiş kırıntı elde edene kadar. Kırıntıları büyük bir kaseye dökün. Ton balığı, kabak, yumurta, dolmalık biber, kekik, limon kabuğu rendesi, karabiber ve tuzu ekleyin. Bir çatalla iyice karıştırın. Karışımı dört (½ fincan büyüklüğünde) köfteye bölün. Bir tabağa yerleştirin ve her köfteyi yaklaşık ¾ inç kalınlığa kadar düzleştirin.

Orta-yüksek ateşte, yağı bir tavada pişirin. Köfteleri sıcak yağa ekleyin, ardından ısıyı ortama çevirin. Köfteleri 5 dakika pişirin, spatula ile çevirin ve 5 dakika daha pişirin. Olduğu gibi tadını çıkarın veya salata yeşillikleri veya kepekli rulolar üzerinde servis yapın.

Beslenme (100g için): 191 Kalori 10g Yağ 2g Karbonhidratlar 15g Protein 661mg Sodyum

Sicilya Kale ve Ton Balıklı Kase

Hazırlama Süresi : 15 dakika

Pişirme süresi: 15 dakika

Porsiyon : 6

Zorluk Derecesi : Ortalama

İçindekiler:

- 1 kiloluk lahana
- 3 yemek kaşığı sızma zeytinyağı
- 1 bardak doğranmış soğan
- 3 diş sarımsak, kıyılmış
- 1 (2,25 ons) dilimlenmiş zeytin, süzülmüş
- ¼ bardak kapari
- ¼ çay kaşığı kırmızı biber
- 2 çay kaşığı şeker
- Zeytinyağında 2 (6 ons) kutu ton balığı
- 1 (15 ons) cannellini fasulyesi olabilir
- ¼ çay kaşığı öğütülmüş karabiber
- ¼ çay kaşığı koşer veya deniz tuzu

Talimatlar:

Bir tencerede dörtte üçü su dolu kaynatın. Lahanayı karıştırın ve 2 dakika pişirin. Lahanayı kevgir ile süzün ve bir kenara koyun.

Boş tencereyi tekrar orta ateşte ocağa koyun ve yağı koyun. Soğanı ilave edin ve sürekli karıştırarak 4 dakika pişirin. Sarmsağı koyun ve 1 dakika pişirin. Zeytinleri, kaparileri ve pul biberi koyup 1 dakika pişirin. Son olarak, kısmen pişmiş lahana ve şekeri ekleyin, lahana tamamen yağ ile kaplanana kadar karıştırın. Tencereyi kapatın ve 8 dakika pişirin.

Lahanayı ocaktan alın, ton balığı, fasulye, karabiber ve tuzu ekleyin ve servis yapın.

Beslenme (100g için): 265 Kalori 12g Yağ 7g Karbonhidratlar 16g Protein 715mg Sodyum

Akdeniz Morina Yahnisi

Hazırlama Süresi : 10 dakika

Pişirme süresi: 20 dakika

Porsiyon : 6

Zorluk Derecesi : Ortalama

İçindekiler:

- 2 yemek kaşığı sızma zeytinyağı
- 2 bardak doğranmış soğan
- 2 diş sarımsak, kıyılmış
- ¾ çay kaşığı füme kırmızı biber
- 1 (14,5 ons) doğranmış domates, süzülmemiş olabilir
- 1 (12 ons) kavanoz kavrulmuş kırmızı biber
- 1 su bardağı dilimlenmiş zeytin, yeşil veya siyah
- 1/3 su bardağı kuru kırmızı şarap
- ¼ çay kaşığı taze çekilmiş karabiber
- ¼ çay kaşığı koşer veya deniz tuzu
- 1½ pound morina filetosu, 1 inçlik parçalar halinde kesilmiş
- 3 su bardağı dilimlenmiş mantar

Talimatlar:

Yağı bir tencerede pişirin. Soğanı ilave edin ve ara sıra karıştırarak 4 dakika pişirin. Sarımsağı ve tütsülenmiş kırmızı biberi ilave edin ve sık sık karıştırarak 1 dakika pişirin.

Domatesleri suları, közlenmiş biberler, zeytinler, şarap, biber ve tuzla karıştırın ve ısıyı orta-yüksek seviyeye getirin. kaynatın. Morina ve mantarları ekleyin ve ısıyı orta seviyeye düşürün.

Yaklaşık 10 dakika pişirin, ara sıra karıştırarak morina tamamen pişene ve kolayca pul pul olana kadar servis yapın.

Beslenme (100g için): 220 Kalori 8g Yağ 3g Karbonhidratlar 28g Protein 583mg Sodyum

Beyaz Şarap Sosunda Buharda Midye

Hazırlama Süresi : 5 dakika

Pişirme süresi: 10 dakika

Porsiyon : 4

Zorluk Derecesi : Zor

İçindekiler:

- 2 pound küçük midye
- 1 yemek kaşığı sızma zeytinyağı
- 1 su bardağı ince dilimlenmiş kırmızı soğan
- 3 diş sarımsak, dilimlenmiş
- 1 su bardağı kuru beyaz şarap
- 2 (¼ inç kalınlığında) limon dilimleri
- ¼ çay kaşığı taze çekilmiş karabiber
- ¼ çay kaşığı koşer veya deniz tuzu
- Servis için taze limon dilimleri (isteğe bağlı)

Talimatlar:

Lavabodaki büyük bir süzgeçte midyelerin üzerine soğuk su akıtın (ancak midyelerin durgun suda oturmasına izin vermeyin). Tüm kabuklar sıkıca kapatılmalıdır; Biraz açık olan mermileri veya çatlamış mermileri atın. Midyeleri kullanmaya hazır olana kadar kevgir içinde bırakın.

Büyük bir tavada yağı kızdırın. Soğanı ilave edin ve ara sıra karıştırarak 4 dakika pişirin. Sarımsağı yerleştirin ve sürekli karıştırarak 1 dakika pişirin. Şarabı, limon dilimlerini, karabiberi ve tuzu ekleyin ve kaynamaya bırakın. 2 dakika pişirin.

Midyeleri ekleyin ve üzerini kapatın. Midyeler kabuklarını açana kadar pişirin. Pişirirken tavayı iki veya üç kez hafifçe sallayın.

Artık tüm mermiler tamamen açık olmalıdır. Oluklu bir kaşık kullanarak, hala kapalı olan midyeleri atın. Açılan midyeleri derin olmayan bir servis kasesine alın ve üzerine et suyunu gezdirin. İstenirse ilave taze limon dilimleri ile servis yapın.

Beslenme (100g için): 222 Kalori 7g Yağ 1g Karbonhidratlar 18g Protein 708mg Sodyum

Portakal ve Sarımsaklı Karides

Hazırlama Süresi : 20 dakika

Pişirme süresi: 10 dakika

Porsiyon : 6

Zorluk Derecesi : Zor

İçindekiler:

- 1 büyük portakal
- 3 yemek kaşığı sızma zeytinyağı, bölünmüş
- 1 yemek kaşığı kıyılmış taze biberiye
- 1 yemek kaşığı kıyılmış taze kekik
- 3 diş sarımsak, kıyılmış (yaklaşık 1½ çay kaşığı)
- ¼ çay kaşığı taze çekilmiş karabiber
- ¼ çay kaşığı koşer veya deniz tuzu
- 1½ pound taze çiğ karides, kabukları ve kuyrukları çıkarıldı

Talimatlar:

Narenciye rendesi kullanarak tüm portakalın kabuğunu rendeleyin. Portakal kabuğu rendesini ve 2 yemek kaşığı yağı biberiye, kekik, sarımsak, karabiber ve tuzla karıştırın. Karidesleri ilave edin, poşeti kapatın ve tüm malzemeler birleşene ve karides baharatlarla tamamen kaplanana kadar karidese hafifçe masaj yapın. Kenara koyun.

Bir ızgarayı, ızgara tavasını veya büyük bir tavayı orta ateşte ısıtın. Kalan 1 çorba kaşığı yağı fırçalayın veya döndürün. Karidesin yarısını ekleyin ve 4 ila 6 dakika veya karides pembe ve beyaza dönene kadar pişirin, ızgaradaysa yarıya kadar çevirin veya tavada ise her dakika karıştırın. Karidesleri büyük bir servis kasesine aktarın. Tekrar edin ve kaseye yerleştirin.

Karides pişerken portakalı soyun ve eti ısırık büyüklüğünde parçalar halinde kesin. Servis kasesine alın ve pişmiş karidesle birlikte atın. Hemen servis yapın veya soğutun ve soğuk servis yapın.

Beslenme (100g için): 190 Kalori 8g Yağ 1g Karbonhidratlar 24g Protein 647mg Sodyum

Kavrulmuş Karides-Gnocchi Fırında

Hazırlama Süresi : 10 dakika

Pişirme süresi: 20 dakika

Porsiyon : 4

Zorluk Derecesi : Ortalama

İçindekiler:

- 1 su bardağı doğranmış taze domates
- 2 yemek kaşığı sızma zeytinyağı
- 2 diş sarımsak, kıyılmış
- ½ çay kaşığı taze çekilmiş karabiber
- ¼ çay kaşığı öğütülmüş kırmızı biber
- 1 (12 ons) kavanoz kavrulmuş kırmızı biber
- 1 kiloluk taze çiğ karides, kabukları ve kuyrukları çıkarıldı
- 1 kiloluk donmuş gnocchi (çözülmemiş)
- ½ fincan kuşbaşı beyaz peynir
- 1/3 su bardağı taze yırtılmış fesleğen yaprağı

Talimatlar:

Fırını 425 ° F'ye ısıtın. Bir fırın tepsisinde domatesleri, yağı, sarımsağı, karabiberi ve ezilmiş kırmızı biberi karıştırın. 10 dakika fırında kızartın.

Közlenmiş biberleri ve karidesleri karıştırın. Karidesler pembeleşip beyazlaşana kadar 10 dakika daha kavurun.

Karides pişerken, gnocchi'yi paketteki talimatlara göre ocakta pişirin. Bir kevgir içinde süzün ve sıcak tutun. Çanağı fırından çıkarın. Pişmiş gnocchi, beyaz peynir ve fesleğen ile karıştırın ve servis yapın.

Beslenme (100g için): 277 Kalori 7g Yağ 1g Karbonhidratlar 20g Protein 711mg Sodyum

Baharatlı Karides Puttanesca

Hazırlama Süresi : 5 dakika

Pişirme süresi: 15 dakika

Porsiyon : 4

Zorluk Derecesi : Ortalama

İçindekiler:

- 2 yemek kaşığı sızma zeytinyağı
- 3 hamsi filetosu, süzülmüş ve doğranmış
- 3 diş sarımsak, kıyılmış
- ½ çay kaşığı öğütülmüş kırmızı biber
- 1 (14,5 ons) konserve, düşük sodyumlu veya tuzsuz eklenmiş doğranmış domatesler, süzülmemiş
- 1 (2.25 ons) siyah zeytin konservesi
- 2 yemek kaşığı kapari
- 1 yemek kaşığı kıyılmış taze kekik
- 1 kiloluk taze çiğ karides, kabukları ve kuyrukları çıkarıldı

Talimatlar:

Orta ateşte, yağı pişirin. Hamsi, sarımsak ve ezilmiş kırmızı biberi karıştırın. Sık sık karıştırarak ve hamsileri tahta kaşıkla yağda eriyene kadar ezerek 3 dakika pişirin.

Domatesleri meyve suları, zeytinleri, kapari ve kekik ile karıştırın. Isıyı orta-yüksek seviyeye getirin ve kaynama noktasına getirin.

Sos hafifçe köpürdüğünde, karidesleri karıştırın. Orta derecede ısıyı seçin ve karidesleri pembe ve beyaz olana kadar pişirin, sonra servis yapın.

Beslenme (100g için): 214 Kalori 10g Yağ 2g Karbonhidratlar 26g Protein 591mg Sodyum

İtalyan Ton Balıklı Sandviçler

Hazırlama Süresi : 10 dakika

Pişirme süresi: 0 dakika

Porsiyon : 4

Zorluk Derecesi : Kolay

İçindekiler:

- 3 yemek kaşığı taze sıkılmış limon suyu
- 2 yemek kaşığı sızma zeytinyağı
- 1 diş sarımsak, kıyılmış
- ½ çay kaşığı taze çekilmiş karabiber
- 2 (5 ons) konserve ton balığı, süzülmüş
- 1 (2,25 ons) dilimlenmiş zeytin konservesi
- ½ su bardağı kıyılmış taze rezene, yaprakları dahil
- 8 dilim tam tahıllı kıtır ekmek

Talimatlar:

Limon suyu, yağ, sarımsak ve biberi birleştirin. Ton balığı, zeytin ve rezene ekleyin. Bir çatal kullanarak ton balığını parçalara ayırın ve tüm malzemeleri birleştirmek için karıştırın.

Ton balıklı salatayı 4 dilim ekmeğe eşit olarak paylaştırın. Her birini kalan ekmek dilimleriyle doldurun. Sandviçleri en az 5 dakika bekletin, böylece lezzetli dolgu servis yapmadan önce ekmeğe emilebilir.

Beslenme (100g için): 347 Kalori 17g Yağ 5g Karbonhidratlar 25g Protein 447mg Sodyum

Dereotlu Somon Salata Dürümleri

Hazırlama Süresi : 10 dakika

Pişirme süresi: 10 dakika

Porsiyon : 6

Zorluk Derecesi : Kolay

İçindekiler:

- 1 kiloluk somon fileto, pişmiş ve kuşbaşı
- ½ su bardağı doğranmış havuç
- ½ su bardağı doğranmış kereviz
- 3 yemek kaşığı kıyılmış taze dereotu
- 3 yemek kaşığı doğranmış kırmızı soğan
- 2 yemek kaşığı kapari
- 1½ yemek kaşığı sızma zeytinyağı
- 1 yemek kaşığı eski balzamik sirke
- ½ çay kaşığı taze çekilmiş karabiber
- ¼ çay kaşığı koşer veya deniz tuzu
- 4 tam buğdaylı gözleme dürümü veya yumuşak tam buğday ekmeği

Talimatlar:

Somon, havuç, kereviz, dereotu, kırmızı soğan, kapari, yağ, sirke, biber ve tuzu karıştırın. Somon salatasını bazlamalara paylaştırın. Gözleme ekmeğinin altını buruşturun, ardından sargıyı sarın ve servis yapın.

Beslenme (100g için): 336 Kalori 16g Yağ 5g Karbonhidratlar 32g Protein 884mg Sodyum

Beyaz İstiridye Pizza Turtası

Hazırlama Süresi : 10 dakika

Pişirme süresi: 20 dakika

Porsiyon : 4

Zorluk Derecesi : Zor

İçindekiler:

- 1 pound soğutulmuş taze pizza hamuru
- Yapışmaz pişirme spreyi
- 2 yemek kaşığı sızma zeytinyağı, bölünmüş
- 2 diş sarımsak, kıyılmış (yaklaşık 1 çay kaşığı)
- ½ çay kaşığı öğütülmüş kırmızı biber
- 1 (10 ons) bütün bebek istiridye konservesi, süzülmüş
- ¼ fincan sek beyaz şarap
- Toz alma için çok amaçlı un
- 1 su bardağı doğranmış mozzarella peyniri
- 1 yemek kaşığı rendelenmiş Pecorino Romano veya Parmesan peyniri
- 1 yemek kaşığı kıyılmış taze düz yapraklı (İtalyan) maydanoz

Talimatlar:

Fırını 500 ° F'ye önceden ısıtın. Yapışmaz pişirme spreyi ile büyük, çerçeveli fırın tepsisini fırçalayın.

Büyük bir tavada 1½ yemek kaşığı yağı pişirin. Sarımsağı ve ezilmiş kırmızı biberi koyun ve sarımsağın yanmaması için sık sık karıştırarak 1 dakika pişirin. Ayrılmış istiridye suyu ve şarabı ekleyin. Yüksek ateşte kaynatın. Orta ateşte sosun sadece kaynaması için azaltın ve ara sıra karıştırarak 10 dakika pişirin. Sos pişecek ve koyulaşacaktır.

İstiridyeleri yerleştirin ve ara sıra karıştırarak 3 dakika pişirin. Sos pişerken, hafifçe unlanmış bir yüzeyde, pizza hamurunu oklava ile veya ellerinizle gererek 12 inçlik bir daire veya 10'a 12 inçlik bir dikdörtgen haline getirin. Hamuru hazırlanan fırın tepsisine yerleştirin. Hamuru kalan ½ yemek kaşığı sıvı yağ ile yağlayın. İstiridye sosu hazır olana kadar bir kenara koyun.

İstiridye sosunu hazırlanan hamurun üzerine kenarlarından ½ inç içinde yayın. Mozzarella peynirini üstüne koyun, ardından Pecorino Romano'yu serpin.

10 dakika pişirin. Pizzayı fırından çıkarın ve tahta bir kesme tahtası üzerine yerleştirin. Maydanozu pizza bıçağı veya keskin bir bıçakla sekiz parçaya ayırıp servis edin.

Beslenme (100g için): 541 Kalori 21g Yağ 1g Karbonhidratlar 32g Protein 688mg Sodyum

Fırında Fasulye Balık Unu

Hazırlama Süresi : 10 dakika

Pişirme süresi: 10 dakika

Porsiyon : 4

Zorluk Derecesi : Kolay

İçindekiler:

- 1 yemek kaşığı balzamik sirke
- 2 ½ su bardağı yeşil fasulye
- 1 litre kiraz veya üzüm domates
- Morina veya tilapia gibi 4 (her biri 4 ons) balık filetosu
- 2 yemek kaşığı zeytinyağı

Talimatlar:

Bir fırını 400 dereceye kadar önceden ısıtın. İki fırın tepsisini biraz zeytinyağı veya zeytinyağı spreyi ile yağlayın. Her yaprakta 2 balık filetosu düzenleyin. Bir karıştırma kabına zeytinyağı ve sirkeyi dökün. Birbirleriyle iyice karıştırmak için birleştirin.

Yeşil fasulye ve domatesleri karıştırın. Birbirleriyle iyice karıştırmak için birleştirin. Her iki karışımı birbiriyle iyice birleştirin. Karışımı balık filetolarının üzerine eşit şekilde ekleyin. Balık opaklaşıp kolayca pul pul dökülene kadar 6-8 dakika pişirin. Sıcak servis yapın.

Beslenme (100g için): 229 Kalori 13g Yağ 8g Karbonhidratlar 2.5g Protein 559mg Sodyum

Mantarlı Morina Yahnisi

Hazırlama Süresi : 10 dakika

Pişirme süresi: 20 dakika

Porsiyon : 6

Zorluk Derecesi : Kolay

İçindekiler:

- 2 yemek kaşığı sızma zeytinyağı
- 2 diş sarımsak, kıyılmış
- 1 kutu domates
- 2 bardak doğranmış soğan
- ¾ çay kaşığı füme kırmızı biber
- bir (12 ons) kavanoz kavrulmuş kırmızı biber
- 1/3 su bardağı kuru kırmızı şarap
- ¼ çay kaşığı koşer veya deniz tuzu
- ¼ çay kaşığı karabiber
- 1 su bardağı siyah zeytin
- 1 ½ pound morina filetosu, 1 inçlik parçalar halinde kesilmiş
- 3 su bardağı dilimlenmiş mantar

Talimatlar:

Orta boy bir tencereye alın, orta ateşte yağı ısıtın. Soğanları ekleyin ve karıştırarak 4 dakika pişirin. Sarımsak ve füme kırmızı biber ekleyin; sık sık karıştırarak 1 dakika pişirin. Suyu, közlenmiş biber, zeytin, şarap, biber ve tuz ile domates ekleyin; nazikçe karıştır. Karışımı kaynatın. Morina ve mantarları ekleyin; ısıyı ortama çevirin. Kapatın ve morina kolayca parçalanana kadar pişirin, arada karıştırın. Sıcak servis yapın.

Beslenme (100g için): 238 Kalori 7g Yağ 15g Karbonhidratlar 3.5g Protein 772mg Sodyum

Baharatlı Kılıç Balığı

Hazırlama Süresi : 10 dakika

Pişirme süresi: 15 dakika

Porsiyon : 4

Zorluk Derecesi : Ortalama

İçindekiler:

- 4 (her biri 7 ons) kılıç balığı bifteği
- 1/2 çay kaşığı öğütülmüş karabiber
- 12 diş sarımsak, soyulmuş
- 3/4 çay kaşığı tuz
- 1 1/2 çay kaşığı öğütülmüş kimyon
- 1 çay kaşığı kırmızı biber
- 1 çay kaşığı kişniş
- 3 yemek kaşığı limon suyu
- 1/3 su bardağı zeytinyağı

Talimatlar:

Bir blender veya mutfak robotu alın, kapağı açın ve kılıç balığı hariç tüm malzemeleri ekleyin. Kapağı kapatın ve pürüzsüz bir karışım elde etmek için karıştırın. Kuru balık bifteklerini hafifçe vurun; hazırlanan baharat karışımı ile eşit şekilde kaplayın.

Alüminyum folyonun üzerine ekleyip üzerini kapatın ve 1 saat buzdolabında dinlendirin. Bir ızgara tavasını yüksek ateşte önceden ısıtın, yağı dökün ve ısıtın. Balık bifteklerini ekleyin;

Tamamen pişene ve eşit şekilde kızarana kadar her bir tarafta 5-6 dakika karıştırarak pişirin. Sıcak servis yapın.

Beslenme (100g için): 255 Kalori 12g Yağ 4g Karbonhidratlar 0.5g Protein 990mg Sodyum

Hamsi Makarna Çılgınlığı

Hazırlama Süresi : 10 dakika

Pişirme süresi: 20 dakika

Porsiyon : 4

Zorluk Derecesi : Kolay

İçindekiler:

- Zeytinyağında paketlenmiş 4 hamsi filetosu
- ½ pound brokoli, 1 inçlik çiçeklere bölünmüş
- 2 diş sarımsak, dilimlenmiş
- 1 kiloluk tam buğday penne
- 2 yemek kaşığı zeytinyağı
- ¼ bardak Parmesan peyniri, rendelenmiş
- Tatmak için tuz ve karabiber
- Kırmızı biber gevreği, tatmak için

Talimatlar:

Makarnayı paketin üzerinde belirtildiği gibi pişirin; süzün ve bir kenara koyun. Orta boy bir tencere veya tava alın, yağ ekleyin. Orta ateşte ısıtın. Hamsi, brokoli ve sarımsağı ekleyin ve sebzeler yumuşayana kadar 4-5 dakika karıştırarak pişirin. Isıyı çıkarın; makarnaya karıştırın. Üzerine parmesan peyniri, pul biber, tuz ve karabiber serperek sıcak servis yapın.

Beslenme (100g için): 328 Kalori 8g Yağ 35g Karbonhidratlar 7g Protein 834mg Sodyum

Karidesli Sarımsaklı Makarna

Hazırlama Süresi : 10 dakika

Pişirme süresi: 15 dakika

Porsiyon : 4

Zorluk Derecesi : Kolay

İçindekiler:

- 1 kiloluk karides, soyulmuş ve ayıklanmış
- 3 diş sarımsak, kıyılmış
- 1 soğan, ince kıyılmış
- 1 paket tam buğday veya tercihinize göre fasulyeli makarna
- 4 yemek kaşığı zeytinyağı
- Tatmak için tuz ve karabiber
- ¼ bardak fesleğen, şeritler halinde kesilmiş
- ¾ bardak tavuk suyu, düşük sodyum

Talimatlar:

Makarnayı paketin üzerinde belirtildiği gibi pişirin; durulayın ve bir kenara koyun. Orta boy bir tencereye alın, yağı ekleyin ve orta ateşte ısıtın. Soğanı, sarımsağı ekleyin ve karıştırarak 3 dakika yarı saydam ve hoş kokulu hale gelene kadar pişirin.

Karides, karabiber (öğütülmüş) ve tuz ekleyin; Karidesler opak olana kadar 3 dakika karıştırarak pişirin. Et suyunu ekleyin ve 2-3 dakika daha pişirin. Servis tabaklarına makarna ekleyin; üzerine karides karışımı ekleyin; Üzerine fesleğen serperek sıcak servis yapın.

Beslenme (100g için): 605 Kalori 17g Yağ 53g Karbonhidratlar 19g Protein 723mg Sodyum

Sirkeli Ballı Somon

Hazırlama Süresi : 10 dakika

Pişirme süresi: 5 dakika

Porsiyon : 4

Zorluk Derecesi : Kolay

İçindekiler:

- 4 (8 ons) somon filetosu
- 1/2 su bardağı balzamik sirke
- 1 yemek kaşığı bal
- Tatmak için karabiber ve tuz
- 1 yemek kaşığı zeytinyağı

Talimatlar:

Bal ve sirkeyi birleştirin. Birbirleriyle iyice karıştırmak için birleştirin.

Balık filetolarını karabiber (öğütülmüş) ve deniz tuzu ile baharatlayın; bal sır ile fırçalayın. Orta boy bir tencere veya tava alın, yağ ekleyin. Orta ateşte ısıtın. Somon filetolarını ekleyin ve ortası pişene ve her tarafı 3-4 dakika hafifçe kızarana kadar karıştırarak pişirin. Sıcak servis yapın.

Beslenme (100g için): 481 Kalori 16g Yağ 24g Karbonhidratlar 1.5g Protein 673mg Sodyum

Portakallı Balık Unu

Hazırlama Süresi : 10 dakika

Pişirme süresi: 5 dakika

Porsiyon : 4

Zorluk Derecesi : Kolay

İçindekiler:

- ¼ çay kaşığı koşer veya deniz tuzu
- 1 yemek kaşığı sızma zeytinyağı
- 1 yemek kaşığı portakal suyu
- 4 (4 ons) tilapia filetosu, derili veya derisiz
- ¼ bardak doğranmış kırmızı soğan
- 1 avokado, çekirdeksiz, derili ve dilimlenmiş

Talimatlar:

9 inçlik bir fırın tepsisi alın; zeytinyağı, portakal suyu ve tuzu ekleyin. İyi birleştirin. Balık filetolarını ekleyin ve iyice kaplayın. Balık filetolarının üzerine soğanları ekleyin. Plastik bir örtü ile örtün. Balık iyice pişene ve kolayca pul pul dökülene kadar 3 dakika mikrodalgada pişirin. Üzerine dilimlenmiş avokado ile sıcak servis yapın.

Beslenme (100g için): 231 Kalori 9g Yağ 8g Karbonhidratlar 2.5g Protein 536mg Protein

Karidesli Zoodle

Hazırlama Süresi : 10 dakika

Pişirme süresi: 5 dakika

Porsiyon : 2

Zorluk Derecesi : Kolay

İçindekiler:

- 2 yemek kaşığı kıyılmış maydanoz
- 2 çay kaşığı kıyılmış sarımsak
- 1 çay kaşığı tuz
- ½ çay kaşığı karabiber
- 2 orta boy kabak, spiralize
- 3/4 pound orta boy karides, soyulmuş ve kabuğu çıkarılmış
- 1 yemek kaşığı zeytinyağı
- 1 limon, suyu sıkılmış ve kabuğu rendelenmiş

Talimatlar:

Orta boy bir tencere veya tava alın, yağ, limon suyu, limon kabuğu rendesi ekleyin. Orta ateşte ısıtın. Karidesleri ekleyin ve her tarafını 1 dakika karıştırarak pişirin. Sarımsak ve pul biberi 1 dakika daha soteleyin. Zoodles'ı ekleyin ve hafifçe karıştırın; tatmin olana kadar 3 dakika pişirin. İyice baharatlayın, üzerine maydanoz serperek sıcak servis yapın.

Beslenme (100g için): 329 Kalori 12g Yağ 11g Karbonhidratlar 3g Protein 734mg Sodyum

Kuşkonmaz Alabalık Yemek

Hazırlama Süresi : 10 dakika

Pişirme süresi: 20 dakika

Porsiyon : 4

Zorluk Derecesi : Kolay

İçindekiler:

- 2 pound alabalık filetosu
- 1 kiloluk kuşkonmaz
- Tatmak için tuz ve öğütülmüş beyaz biber
- 1 yemek kaşığı zeytinyağı
- 1 diş sarımsak, ince kıyılmış
- 1 yeşil soğan, ince dilimlenmiş (yeşil ve beyaz kısım)
- 4 orta boy altın patates, ince dilimlenmiş
- 2 Roma domates, doğranmış
- 8 adet çekirdeği çıkarılmış kalamata zeytin, doğranmış
- 1 büyük havuç, ince dilimlenmiş
- 2 yemek kaşığı kuru maydanoz
- ¼ fincan öğütülmüş kimyon
- 2 yemek kaşığı kırmızı biber
- 1 yemek kaşığı sebze bulyon baharatı
- ½ bardak sek beyaz şarap

Talimatlar:

Bir karıştırma kabına balık filetolarını, beyaz biberi ve tuzu ekleyin. Birbirleriyle iyice karıştırmak için birleştirin. Orta boy bir tencere veya tava alın, yağ ekleyin. Orta ateşte ısıtın. Kuşkonmaz, patates, sarımsak, yeşil soğanın beyaz kısmını ekleyin ve 4-5 dakika yumuşayana kadar karıştırarak pişirin. Domates, havuç ve zeytin ekleyin; yumuşayana kadar 6-7 dakika karıştırarak pişirin. Kimyon, kırmızı biber, maydanoz, bulyon çeşnisi ve tuzu ekleyin. Karışımı iyice karıştırın.

Beyaz şarap ve balık filetolarını karıştırın. Düşük ısıda, örtün ve karışımı yaklaşık 6 dakika balık kolayca pul pul dökülene kadar pişirin, arada karıştırın. Üzerine yeşil soğan serperek sıcak servis yapın.

Beslenme (100g için): 303 Kalori 17g Yağ 37g Karbonhidratlar 6g Protein 722mg Sodyum

Kale Zeytinli Ton Balığı

Hazırlama Süresi : 10 dakika

Pişirme süresi: 15 dakika

Porsiyon : 6

Zorluk Derecesi : Ortalama

İçindekiler:

- 1 bardak doğranmış soğan
- 3 diş sarımsak, kıyılmış
- 1 (2,25 ons) dilimlenmiş zeytin, süzülmüş
- 1 kiloluk lahana, kıyılmış
- 3 yemek kaşığı sızma zeytinyağı
- ¼ bardak kapari
- ¼ çay kaşığı öğütülmüş kırmızı biber
- 2 çay kaşığı şeker
- 1 (15 ons) cannellini fasulyesi olabilir
- Zeytinyağında 2 (6 ons) kutu ton balığı, süzülmüş
- ¼ çay kaşığı karabiber
- ¼ çay kaşığı koşer veya deniz tuzu

Talimatlar:

Lahanayı 2 dakika kaynar suda bekletin; süzün ve bir kenara koyun. Orta büyüklükte bir tencere veya stok tenceresi alın, yağı orta ateşte ısıtın. Soğanı ekleyin ve yarı saydam ve yumuşayana kadar karıştırarak pişirin. Sarımsak ekleyin ve 1 dakika kokulu hale gelene kadar karıştırarak pişirin.

Zeytin, kapari ve kırmızı biberi ekleyip 1 dakika karıştırarak pişirin. Pişmiş lahana ve şekeri karıştırın. Kısık ateşte üzerini kapatın ve karışımı yaklaşık 8-10 dakika karıştırarak pişirin. Ton balığı, fasulye, biber ve tuz ekleyin. İyice karıştırın ve sıcak servis yapın.

Beslenme (100g için): 242 Kalori 11g Yağ 24g Karbonhidratlar 7g Protein 682mg Sodyum

Keskin Biberiye Karidesleri

Hazırlama Süresi : 10 dakika

Pişirme süresi: 10 dakika

Porsiyon : 6

Zorluk Derecesi : Kolay

İçindekiler:

- 1 büyük portakal, rendelenmiş ve soyulmuş
- 3 diş sarımsak, kıyılmış
- 1 ½ pound çiğ karides, kabukları ve kuyrukları çıkarıldı
- 3 yemek kaşığı zeytinyağı
- 1 yemek kaşığı kıyılmış kekik
- 1 yemek kaşığı kıyılmış biberiye
- ¼ çay kaşığı karabiber
- ¼ çay kaşığı koşer veya deniz tuzu

Talimatlar:

Fermuarlı bir plastik poşet alın, portakal kabuğu rendesi, karides, 2 yemek kaşığı zeytinyağı, sarımsak, kekik, biberiye, tuz ve karabiber ekleyin. İyice çalkalayın ve marine olması için 5 dakika bekletin.

Orta boy bir tencereye veya tavaya 1 yemek kaşığı zeytinyağı ekleyin. Orta ateşte ısıtın. Karidesleri ekleyin ve tamamen pembe ve opak olana kadar her bir tarafını 2-3 dakika karıştırarak pişirin. Portakalı lokma büyüklüğünde dilimleyin ve servis tabağına alın. Karidesleri ekleyin ve iyice birleştirin. Taze servis yapın.

Beslenme (100g için): 187 Kalori 7g Yağ 6g Karbonhidratlar 0.5g Protein 673mg Sodyum

kuşkonmazlı somon

Hazırlama Süresi : 10 dakika

Pişirme süresi: 15 dakika

Porsiyon : 2

Zorluk Derecesi : Kolay

İçindekiler:

- 8.8 ons demet kuşkonmaz
- 2 küçük somon filetosu
- 1 ½ çay kaşığı tuz
- 1 çay kaşığı karabiber
- 1 yemek kaşığı zeytinyağı
- 1 su bardağı hollandaise sosu, düşük karbonhidrat

Talimatlar:

Somon filetolarını iyice baharatlayın. Orta boy bir tencere veya tava alın, yağ ekleyin. Orta ateşte ısıtın.

Somon filetoları ekleyin ve eşit şekilde kızarana kadar karıştırarak pişirin ve her bir tarafı 4-5 dakika iyice pişirin. Kuşkonmaz ekleyin ve 4-5 dakika daha karıştırarak pişirin. Üzerine hollandez sos gezdirerek sıcak servis yapın.

Beslenme (100g için): 565 Kalori 7g Yağ 8g Karbonhidratlar 2.5g Protein 559mg Sodyum

Ton Balıklı Fındıklı Salata

Hazırlama Süresi : 10 dakika

Pişirme süresi: 0 dakika

Porsiyon : 4

Zorluk Derecesi : Kolay

İçindekiler:

- 1 yemek kaşığı kıyılmış tarhun
- 1 sap kereviz, ayıklanmış ve ince doğranmış
- 1 orta arpacık soğan, doğranmış
- 3 yemek kaşığı kıyılmış kişniş
- 1 (5 ons) konserve ton balığı (zeytinyağlı) süzülmüş ve pul pul dökülmüş
- 1 çay kaşığı Dijon hardalı
- 2-3 yemek kaşığı mayonez
- 1/4 çay kaşığı tuz
- 1/8 çay kaşığı biber
- 1/4 su bardağı çam fıstığı, kızarmış

Talimatlar:

Büyük bir salata kasesine ton balığı, arpacık soğanı, frenk soğanı, tarhun ve kereviz ekleyin. Birbirleriyle iyice karıştırmak için birleştirin. Bir karıştırma kabına mayonez, hardal, tuz ve karabiber ekleyin. Birbirleriyle iyice karıştırmak için birleştirin. Mayonez karışımını salata kasesine ekleyin; birleştirmek için iyi atın. Çam fıstığı ekleyin ve tekrar atın. Taze servis yapın.

Beslenme (100g için): 236 Kalori 14g Yağ 4g Karbonhidratlar 1g Protein 593mg Sodyum

Kremalı Karides Çorbası

Hazırlama Süresi : 10 dakika

Pişirme süresi: 35 dakika

Porsiyon : 6

Zorluk Derecesi : Ortalama

İçindekiler:

- 1 kiloluk orta boy karides, soyulmuş ve kabuğu çıkarılmış
- 1 pırasa, hem beyazı hem de açık yeşil kısmı, dilimlenmiş
- 1 orta boy rezene ampulü, doğranmış
- 2 yemek kaşığı zeytinyağı
- 3 sap kereviz, doğranmış
- 1 diş sarımsak, kıyılmış
- Tatmak için deniz tuzu ve karabiber
- 4 su bardağı sebze veya tavuk suyu
- 1 yemek kaşığı rezene tohumu
- 2 yemek kaşığı hafif krema
- 1 limon suyu

Talimatlar:

Orta büyüklükte bir tencere veya Hollanda fırını alın, yağı orta ateşte ısıtın. Kereviz, pırasa ve rezene ekleyin ve sebzeler yumuşayana ve kızarana kadar yaklaşık 15 dakika karıştırarak pişirin. Sarımsak ekleyin; karabiber ve deniz tuzu ile tatlandırın. Rezene tohumunu ekleyin ve karıştırın.

Et suyunu dökün ve kaynatın. Kısık ateşte, karışımı yaklaşık 20 dakika pişirin, arada karıştırın. Karides ekleyin ve sadece pembe olana kadar 3 dakika pişirin. Krema ve limon suyunu karıştırın; sıcak servis yapın.

Beslenme (100g için): 174 Kalori 5g Yağ 9.5g Karbonhidratlar 2g Protein 539mg Sodyum

Sebzeli Quinoa ile Baharatlı Somon

Hazırlama Süresi : 30 dakika

Pişirme süresi: 10 dakika

Porsiyon : 4

Zorluk Derecesi : Zor

İçindekiler:

- 1 su bardağı pişmemiş kinoa
- 1 çay kaşığı tuz, ikiye bölünmüş
- ¾ bardak salatalık, çekirdekleri çıkarılmış, doğranmış
- 1 su bardağı çeri domates, ikiye bölünmüş
- ¼ bardak kırmızı soğan, kıyılmış
- İnce dilimler halinde kesilmiş 4 taze fesleğen yaprağı
- Bir limondan lezzet
- ¼ çay kaşığı karabiber
- 1 çay kaşığı kimyon
- ½ çay kaşığı kırmızı biber
- 4 (5 ons) somon filetosu
- 8 dilim limon
- ¼ fincan kıyılmış taze maydanoz

Talimatlar:

Orta boy bir tencereye kinoayı, 2 su bardağı suyu ve ½ çay kaşığı tuzu ekleyin. Bunları su kaynayana kadar ısıtın, ardından kaynama noktasına gelene kadar sıcaklığı düşürün. Tavayı kapatın ve 20 dakika veya kinoa paketinin talimat verdiği sürece pişmesine izin verin. Kinoanın altındaki brülörü kapatın ve servis yapmadan önce en az 5 dakika daha kapalı olarak oturmasına izin verin.

Servis yapmadan hemen önce kinoaya soğan, domates, salatalık, fesleğen yaprağı ve limon kabuğu rendesini ekleyin ve her şeyi yavaşça karıştırmak için bir kaşık kullanın. Bu arada (kinoa pişerken) somonu hazırlayın. Fırın ızgarasını yükseğe açın ve fırının alt kısmında bir raf olduğundan emin olun. Küçük bir kaseye şu bileşenleri ekleyin: karabiber, ½ çay kaşığı tuz, kimyon ve kırmızı biber. Onları birlikte karıştırın.

Folyoyu bir cam veya alüminyum fırın tepsisinin üzerine yerleştirin ve ardından yapışmaz pişirme spreyi sıkın. Folyonun üzerine somon filetoları yerleştirin. Baharat karışımını her bir fileto üzerine sürün (fileto başına yaklaşık ½ çay kaşığı baharat karışımı). Limon dilimlerini somonun yanındaki tava kenarlarına ekleyin.

Somonu piliç altında 8-10 dakika pişirin. Amacınız, somonun bir çatalla kolayca pul pul dökülmesini sağlamak. Somon balığını maydanozla süsleyin, ardından limon dilimleri ve sebze maydanozuyla servis edin. Eğlence!

Beslenme (100g için): 385 Kalori 12.5g Yağ 32.5g Karbonhidratlar 35.5g Protein 679mg Sodyum

Elmalı Hardal Alabalık

Hazırlama Süresi : 15 dakika

Pişirme süresi: 55 dakika

Porsiyon : 2

Zorluk Derecesi : Zor

İçindekiler:

- 1 Yemek Kaşığı Zeytinyağı
- 1 Küçük Arpacık Soğan, Kıyılmış
- 2 Lady Elma, Yarıya
- 4 alabalık filetosu, her biri 3 ons
- 1 1/2 Yemek Kaşığı Ekmek Kırıntıları, Sade ve İnce
- 1/2 Çay Kaşığı Kekik, Taze ve Doğranmış
- 1/2 Yemek Kaşığı Tereyağı, Eritilmiş ve Tuzsuz
- 1/2 Su Bardağı Elma Şarabı
- 1 Çay Kaşığı Esmer Şeker
- 1/2 Yemek Kaşığı Dijon Hardalı
- 1/2 Yemek Kaşığı Kapari, Durulanmış
- Tatlandırmak için Deniz Tuzu ve Karabiber

Talimatlar:

Fırını 375 dereceye hazırlayın ve ardından küçük bir kaseden çıkarın. Tuz ve karabiberle tatlandırmadan önce ekmek kırıntılarını, arpacık soğanı ve kekiği birleştirin.

İçerisine tereyağını ekleyin ve iyice karıştırın.

Elmaları kesilmiş tarafları yukarı gelecek şekilde bir fırın tepsisine koyun ve üzerine şeker serpin. Üstüne galeta unu serpin ve ardından elma şarabınızın yarısını tabağı kaplayacak şekilde elmaların etrafına dökün. Yarım saat pişirin.

Ortaya çıkarın ve ardından yirmi dakika daha pişirin. Elmalar yumuşak olmalı ama kırıntılarınız gevrek olmalı. Elmaları fırından çıkarın.

Izgarayı açın ve ardından rafı dört inç uzağa koyun. Alabalığınızı aşağı bastırın ve ardından tuz ve karabiberle tatlandırın. Yağınızı bir fırın tepsisine fırçalayın ve ardından alabalıklarınızı derili tarafı yukarı gelecek şekilde koyun. Kalan yağınızı cildinize sürün ve altı dakika kızartın. Alabalığın hemen altındaki raftaki elmaları tekrarlayın. Bu, kırıntıların yanmasını önleyecektir ve ısınması sadece iki dakika sürmelidir.

Bir tencere alın ve kalan elma şarabınızı, kapari ve hardalı birlikte çırpın. Gerekirse, inceltmek için daha fazla elma şarabı ekleyin ve orta-yüksekte beş dakika pişirin. Kıvamı sos gibi olmalı. Suyu balığın üzerine gezdirin ve her tabakta birer elma ile servis yapın.

Beslenme (100g için): 366 kalori 13 gr yağ 10 gr karbonhidrat 31 gr protein 559 mg sodyum

Karidesli Gnocchi

Hazırlama Süresi : 5 dakika

Pişirme süresi: 15 dakika

Porsiyon : 4

Zorluk Derecesi : Zor

İçindekiler:

- 1/2 lb Karides, Soyulmuş ve Kabuğu Çıkarılmış
- 1/4 Bardak Arpacık Arpacık, Dilimlenmiş
- 1/2 Yemek Kaşığı + 1 Çay Kaşığı Zeytinyağı
- 8 Ons Raf Kararlı Gnocchi
- 1/2 Demet Kuşkonmaz, Üçe Bölünmüş
- 3 yemek kaşığı parmesan peyniri
- 1 Yemek Kaşığı Limon Suyu, Taze
- 1/3 Su Bardağı Tavuk Suyu
- Tatlandırmak için Deniz Tuzu ve Karabiber

Talimatlar:

Yarım çorba kaşığı yağı orta ateşte ısıtarak başlayın ve ardından gnocchi'nizi ekleyin. Dolgun ve altın rengine dönene kadar sık sık karıştırarak pişirin. Bu yedi ila on dakika sürecektir. Onları bir kaseye koyun.

Kalan çay kaşığı yağınızı arpacık soğanlarınızla ısıtın ve kahverengileşene kadar pişirin. Karıştırdığınızdan emin olun, ancak bu iki dakika sürecektir. Kuşkonmazınızı eklemeden önce suyu karıştırın. Örtün ve üç ila dört dakika pişirin.

Karidesleri ekleyin, tuz ve karabiberle tatlandırın. Pembeleşene ve tamamen pişene kadar pişirin, bu yaklaşık dört dakika sürecektir.

Gnocchi'yi limon suyuyla tavaya geri koyun ve iki dakika daha pişirin. İyice karıştırın ve ardından ocaktan alın.

Parmesan serpin ve iki dakika bekletin. Peyniriniz erimeli. Sıcak servis yapın.

Beslenme (100g için): 342 kalori 11 gr yağ 9 gr karbonhidrat 38 gr protein 711 mg sodyum

Karides Saganaki

Hazırlama Süresi : 15 dakika

Pişirme süresi: 30 dakika

Porsiyon : 2

Zorluk Derecesi : Ortalama

İçindekiler:

- 1/2 lb Kabuklu Karides
- 1 Küçük Soğan, Doğranmış
- 1/2 Fincan Beyaz Şarap
- 1 Yemek Kaşığı Maydanoz, Taze ve Doğranmış
- 8 Ons Domates, Konserve ve Doğranmış
- 3 Yemek Kaşığı Zeytinyağı
- 4 ons beyaz peynir
- Küp Tuz
- Çizgi Karabiber
- 14 Çay Kaşığı Sarımsak Tozu

Talimatlar:

Bir tencereyi çıkarın ve ardından yaklaşık iki inç su dökün ve kaynatın. Beş dakika kaynatın ve ardından sıvıyı boşaltın ancak saklayın. Hem karidesi hem de sıvıyı bir kenara koyun.

Daha sonra iki yemek kaşığı yağı ısıtın ve ısındığında soğanlarınızı ekleyin. Soğanlar yarı saydam olana kadar pişirin. Maydanoz, sarımsak, şarap, zeytinyağı ve domateslerinizi karıştırın. Yarım saat pişirin ve koyulaşana kadar karıştırın.

Kabukları, başı ve kuyruğu çekerek karidesin bacaklarını çıkarın. Karides ve karides suyunu koyulaşınca sosun içine ekleyin. Beş dakika kaynamaya getirin ve ardından beyaz peynir ekleyin. Peynir eriyene kadar bekletin ve ardından sıcak servis yapın.

Beslenme (100g için): 329 kalori 14 gr yağ 10 gr karbonhidrat 31 gr protein 449 mg sodyum

Akdeniz Somonu

Hazırlama Süresi : 10 dakika

Pişirme süresi: 20 dakika

Porsiyon : 2

Zorluk Derecesi : Kolay

İçindekiler:

- 2 Somon Filetosu, Derisiz ve Her Biri 6 Ons
- 1 Su Bardağı Çeri Domates
- 1 Yemek Kaşığı Kapari
- 1/4 Fincan Kabak, İnce Doğranmış
- 1/8 Çay Kaşığı Karabiber
- 1/8 Çay Kaşığı Deniz Tuzu, İnce
- 1/2 Yemek Kaşığı Zeytinyağı
- 1.25 Ons Olgun Zeytin, Dilimlenmiş

Talimatlar:

Fırını 425 dereceye ayarlayın ve ardından balıklarınızın her iki tarafına da tuz ve karabiber serpin. Pişirme kabınızı pişirme spreyi ile kapladıktan sonra balığı tek kat halinde fırın tepsisine yerleştirin.

Domatesleri ve kalan malzemeleri birleştirin, karışımı filetolarınızın üzerine gezdirin ve yirmi iki dakika pişirin. Sıcak servis yapın.

Beslenme (100g için): 322 kalori 10 gr yağ 15 gr karbonhidrat 31 gr protein 493 mg sodyum

www.ingramcontent.com/pod-product-compliance
Lightning Source LLC
Chambersburg PA
CBHW070406120526
44590CB00014B/1283